ポケットMBA

ビジネススクールで身につける会計力と戦略思考力

大津広一

日経ビジネス人文庫

はじめに

1　会計の本質を問う質問は、「WHAT?」ではなく「WHY?」

一万名以上の社会人学生と対してきて

「先の御社の中間決算発表の場で開示された、今年度の年間売上予測はいくらですか?」

「御社の前期の連結営業利益はいくらでしたか?」

「売上高営業利益率はどれくらいだったでしょう?」


これらの質問は、私が企業内研修の講師として、受講者である社員に対して研修開始直後に問いかける質問の一部だ。驚くような事実だが、これらの質問にまともに答えることができる人は、受講生が二〇名いたとしても、せいぜい一人いるかいないかである。売上を高めるため、利益を高めるため、あるいはコストを削減するために、日々厳しい業務をこなしているはずなのに、その結果となる会社全体の売上や利益に対してこれだけ無頓着なのはいったいなぜだろうか。

考えてみれば会計ほど私たちの生活に身近な話はない。日本経済新聞を読めば、会計用語で溢れている。職場では、売上やコストの話をすることなく、一日の仕事が終わることは稀なはずだ。パーツ、パーツでは、実に会計に密接した生活を日々送っているのが事実である。ただし、あくまでパーツの話だ。パーツが組み合わさった姿である損益計算書や貸借対照表が登場した瞬間に、それは自分にとっての異次元の世界となってしまう。

なぜ多くのビジネスパーソンは、「会計」に対して大いなる嫌悪感と苦手意識を抱き、ときには無関心でいるのだろうか?

これは、五年間にわたりビジネススクールや企業内研修の場で、会計分野の講師として、一万名以上の社会人学生と対してきた私自身に対する問いかけだ。私の経験に基づく答えは、

会計　＝　「会計用語の暗記」「会計ルールの理解」

という固定観念を持つ人ほど、会計に嫌悪感や苦手意識を抱き、結果として「会計＝近寄りたくない世界」という負の思考回路に陥っているということ。逆に、会計の数値を企業活動と結びつけて考えることができる人ほど、会計を手段として上手に使いこなすことができている。

そもそも会計の数値は企業活動の結果を表すものであって、企業活動なくして数値は発

生しない。よって、会計の数値を見れば、企業活動をある程度類推することは可能なはずだ。逆に、企業活動、具体的には企業が置かれた経営環境、業界の特性、あるいは経営戦略を紐解くことで、その企業の会計数値の構造をある程度類推することは可能なはずである。この両者の往復が抵抗なくできる人ほど、会計を有益なツールとして活用できている。

では、この両者の往復は、どうすればスムーズにできるのだろうか。これを解き明かしていくことが本書の目的となる。まずは実際にこの両者の往復を現場で行う経営者の姿から見てみることにしよう。

京セラ創業者・稲盛和夫氏が抱いた会計への疑問

ビジネススクールや企業内研修の社会人学生に対して私が推奨する一冊に『稲盛和夫の実学―経営と会計』（稲盛和夫著・日経ビジネス人文庫）がある。言うまでもないが、京セラの創業者であり現在は同社名誉会長である稲盛氏の著書で、会計のベストセラーでありロングセラーでもある。会計に関する稲盛氏の考え方が余すところなく記された本書は、社会人であればどんな職場にいる方にも推奨できる名著だ。同書の冒頭に記された、興味深いエピソードをひとつ紹介しよう。

創業八年目に京セラに入社した経理部長に対して、自称「技術経営者」である稲盛氏は、会計に関する疑問について、矢継ぎ早に質問をした。ところが経理部長の回答は、「会計ではそういうことになっている」という、いわばルールの説明に終始する。一方の稲盛氏はといえば、「経営の立場からはこうなるはずだが、なぜ、会計ではそうならないのか?」と切り返し、いつも意見が対立して、激論となったそうだ。しかし数年後、経理部長の態度は一変して、こう言ったとのこと。

「社長の言っていることは、会計の本質を突いているのではないか」

稲盛氏の相手は経理部長である。どう考えても会計のプロは経理部長であり、経理部長からすれば、当時の稲盛氏はおそらく会計の素人に映ったはずだ。でありながら、会計という共通のテーマ、しかも一方の経理部長にとっては専門領域の話題でありながら、意見が対立したという事実、そして最後は経理部長が社長の言っていることこそ会計の本質を突いていると認めていることは、実に興味深い。

「WHAT?」か「WHY?」か

一連の事象を理解するには、両者の言語の違いに注目すると、対立の背景が見えてくる。

会計

WHAT?		WHY?
・会計数値の作り方		・会計数値の読み方
・会計用語の記憶		・経営言語としての活用
・会計ルールの理解	⟷	・経営の意味合いを考察
・正確な仕訳作業		・問題解決への発展
etc		etc

同じ会計がテーマであっても、経理部長の言語は「WHAT?」、つまり会計のルールや定義を説いている。それが経理部長の使命であり、要求されたスキルなのだから、当然といえる。一方の稲盛氏の言語は「WHY?」、つまり「なぜそうであるのか?」という理由を問い詰めている。同じ会計がテーマであっても、言語が異なれば対立が鮮明になるのも納得できる。論点がまったく別の場所に存在しているのである。

粉飾決算が頻発し、コンプライアンス強化が叫ばれる昨今、決して会計ルールを軽視すべきと言っているわけではない。ルールを守ることは、すべてに優先する当然の話だ。一方、多くのビジネスパーソンにとって、細かな会計用語を記憶することや、会計ルールの詳細を理解することは、仕事の上ではほとんど役に立たない。ましてや簿記の仕訳が正確にできるかなどは、知っていて損はないが、ビジネスの成功における十分条件にはなりえない。それよりも、稲盛氏の姿勢にある、経営と会計数値をいかに関連づけて考えるかの重要性のほうがはるかに大きい。つまり、「WHAT?」よりも、「WHY?」を考え抜き、そこから得られる結論を具体的な行動に結びつけることができるかどうかだ。「WHAT?」と「WHY?」は二者択一ではないが、多忙なビジネスパーソンの時間は限られている。**大切なリソースを割くべきは、「会計のWHAT?」の学習ではなく、「会計のWHY?」の追求**である。

2 なぜ「会計力」と「戦略思考力」なのか?

両者が分断しているわけ

会計数値を理解し読み解く力、これを**会計力**と呼ぼう。一方、企業活動（企業が置かれた経営環境、業界の特性、あるいはその企業が採用する経営戦略）を理解し考察する力、これを**戦略思考力**と呼ぼう。分かりやすくいえば、前者が定量分析からのスタートで、後者が定性分析からのスタートとなる。

ここまで述べてきたように、この両者は密接に関連するものだ。つまり、企業活動があって初めて会計数値は作られるのであって、その順序は決して逆にはならない。一方、会計数値は企業活動の結果なのだから、会計数値を紐解くことで、企業活動をある程度類推す

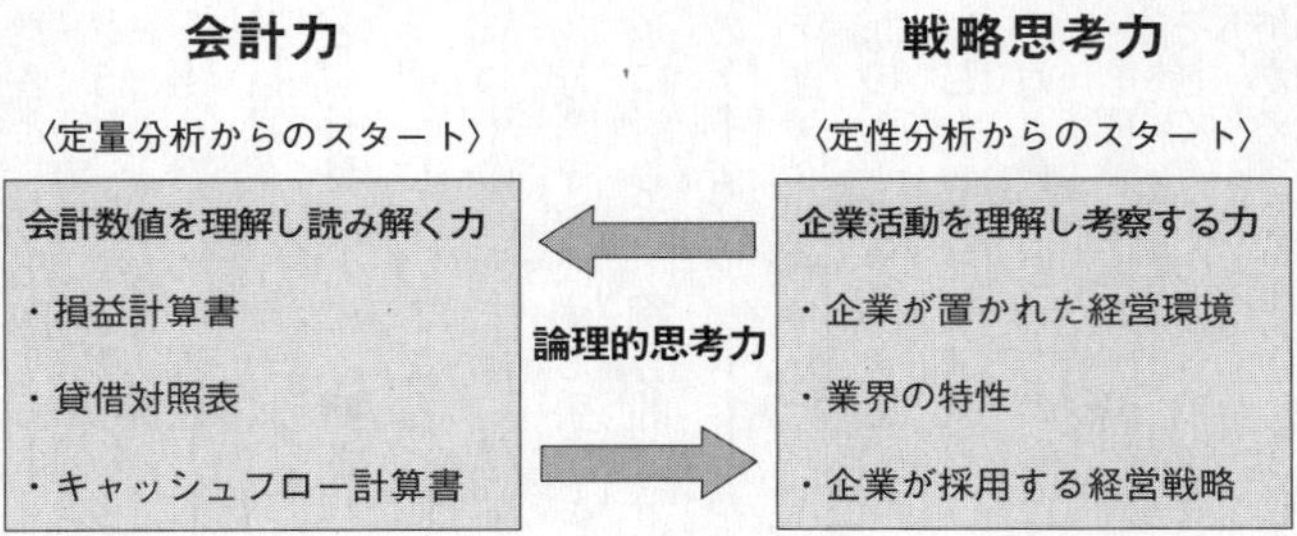

ることは可能となる。そして、この両者を結びつけるものが、**論理的思考力**となる。

ところが現実には、両者があたかも別世界の存在であるかのような扱いを受けている。この背景には、複数の理由が挙げられる。

いったん企業に入社すれば、営業や製造、研究開発、あるいは人事、企画部門など、それぞれの専門領域での業務が中心となり、それ以外の分野でのスキルアップは本人の自主性に任される。よほど意識の高い人でなければ、自分の扱う製品や自分が所属する部門の売上、コストや在庫が会計のすべてとなり、それ以外の数値はまったく別世界のものとして放置される。

そのような状況で一〇年、二〇年がすぎ、突如選抜教育で会計を学習することになる社員は、ある意味悲惨だ。嫌悪感と苦手意識という大きな障壁が築かれた研修会場に早朝入っていく機会を、私は何度も経験してきた。しかし、もっと悲惨なのは、そうした教育機会すらないまま、突然子会社の経営者として出向するような人だろう。武器のない戦い、言語が分からないコミュニケーションほど、苦痛を感じるものはない。

もうひとつの理由として、我々経営（ＭＢＡ）教育を提供する側の問題もある。ＭＢＡ科目は、マーケティング、経営戦略、アカウンティング、ファイナンス、人的資源管理など、科目ごとに寸断されている。経営教育の現場そのものが、「これらは別々のものです」と明言していることに他ならない。学問の世界であるから致し方ないことだが、クラス運営の場においては、講師の立場にある我々の力量が試される。

分断を解決する手段として、ケースメソッドを活用し、ケースに登場する企業の経営課題に対して、総合的な分析から意思決定の訓練をする手法がある。アカウンティング分野のケースメソッドであっても、実際は経営の意思決定である。そこでは経営戦略やマーケティング戦略の分析、組織管理の問題解決などとあわせて会計数値を考察し、総合的な判断の下、意思決定をすることとなる。

しかし、ケースメソッドの議論の前段となる、会計の基本を理解するステージでは、会計力と戦略思考力の融合は、まだ十分でないのが実態だろう。会計力と戦略思考力は本来一心同体であり、常に両者を行き来しながら会計を読み解いていくことが不可欠となる。そして、そのときに重要となるキーワードは、稲盛氏が常に問いかけていた、「ＷＨＹ？」である。「なぜ？」を突き詰めた行き先には、本質的な原因が待ち受けている。本質的な

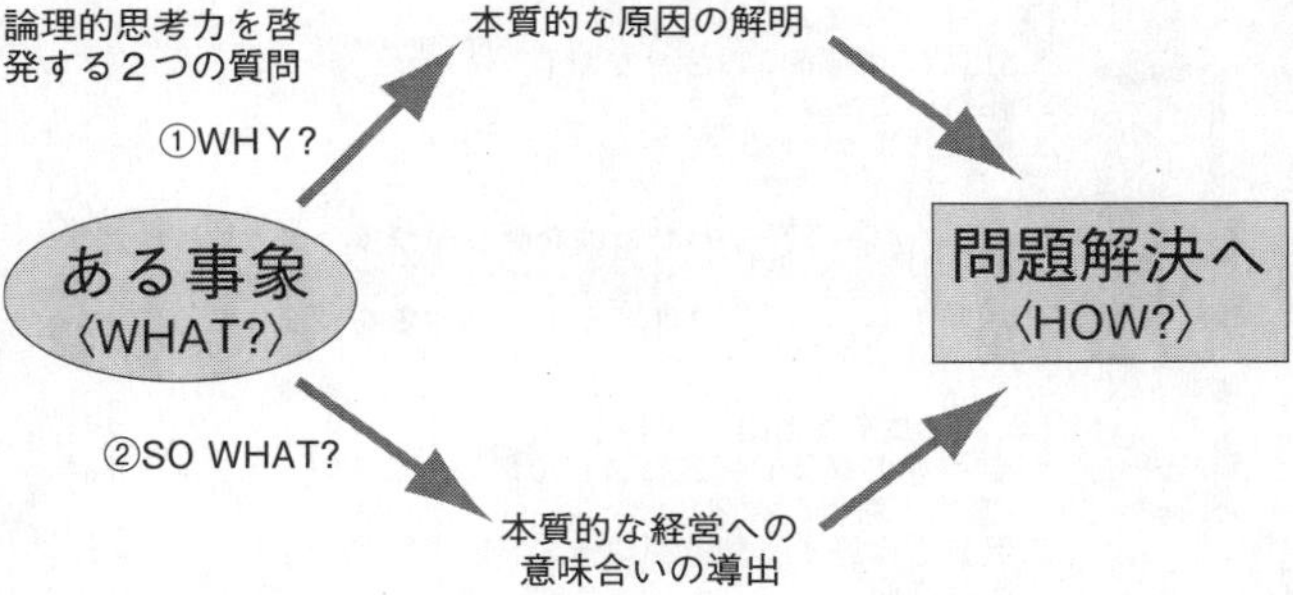

原因が分からなければ、本質的な問題解決には至らず、誤った行動を導きかねない。企業にとっては、重要な経営資源の喪失につながる。

そこから何が言えるのか?を考える

また、もうひとつのキーワードとして、「SO WHAT?」、つまり「そこから何が言えるのか?」がある。「SO WHAT?」の問いかけは、**目に見える事象から経営の意味合いを導き出すこと**にある。目に見える事象を語るだけならば、小学生でもできる。ビジネスパーソンに問われているのは、どういった経営への意味合いがあるかを導き、問題解決へとつなげることだ。

たとえば、「競合比でわが社に在庫が多いことの意味合いは?」と問われたら、何と答えるだろうか。「競合比で在庫が多い」というのは特定の事象（WHAT）を表現しただけであり、経営の視点に立った分析には、なんら至っていない。なぜ競合比で多いのか（WHY）、競合比で多いとい

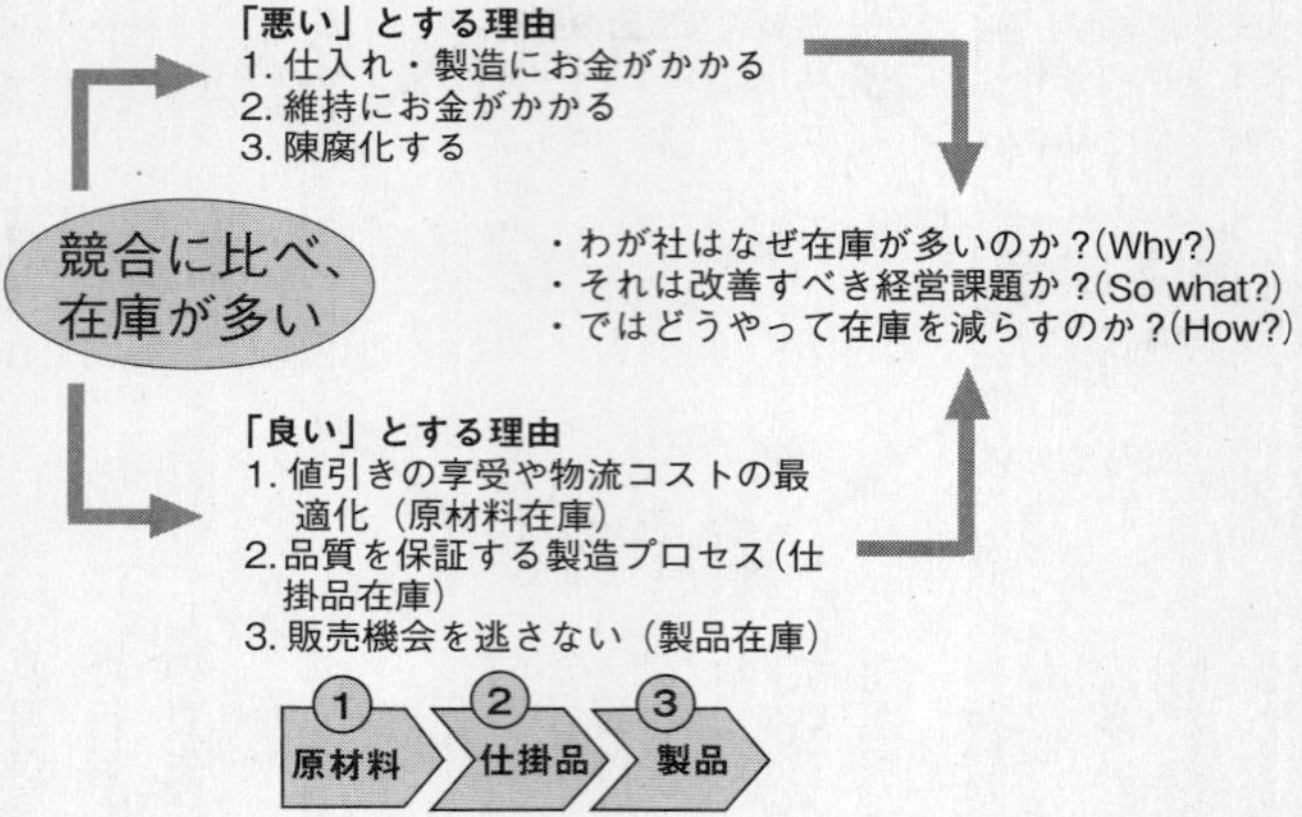
「悪い」とする理由
1. 仕入れ・製造にお金がかかる
2. 維持にお金がかかる
3. 陳腐化する
競合に比べ、在庫が多い
・わが社はなぜ在庫が多いのか？(Why?)
・それは改善すべき経営課題か？(So what?)
・ではどうやって在庫を減らすのか？(How?)
「良い」とする理由
1. 値引きの享受や物流コストの最適化（原材料在庫）
2. 品質を保証する製造プロセス（仕掛品在庫）
3. 販売機会を逃さない（製品在庫）
1 原材料
2 仕掛品
3 製品

う事象を、経営としてどうとらえるべきなのか（SOWHAT）を追求して初めて、分析と呼べる世界に入るわけだ。さらには、ではどういったアクションをとるべきか（HOW）に最終的に結びつけることで、実際の問題解決へとつながっていく。

「在庫は罪子《ざいこ》」と言われるのは、在庫の仕入れ・製造にはお金がかかること、在庫の維持には倉庫費や管理人件費などのコストがかかること、在庫は物理的にも流行上も陳腐化すること、の三つの理由が背景にある。しかし、「在庫は良い子」となるケースもあるはずだ。営業担当者からすれば、販売機会を逃さないための余裕在庫と受け取れる（製品在庫の論点）。製造担当者からすれば、品質保証を担保できる余裕を持った製造プロセスから発生する在庫水準かもしれない（製造途中の仕掛品在庫の論点）。あるいは、原材料の購買担当者からすれば、大量購買による値引きの享受や、物流コストの最適化を実現するための適正な在庫水準なのかもしれない（原材料在庫の論点）。

このように、「在庫」という大きなくくりを原材料、仕掛品、製品といった三つの要素に分けるなど分解して考えることは、物事を論理的に考える上で有効だ。

こうして、「在庫が多い」という事象に対して、「ＳＯＷＨＡＴ?」、つまり「わが社にとっての意味合いは何なのか?」に対する解を導いてこそ、初めて企業が置かれた経営環境と会計数値の結びつけが完了する。そこからようやく「ではわが社は今後在庫の水準をどれくらいに維持するべきか」「どうやってそれを実現していくのか」という「ＨＯＷ?」の問いかけによって、問題解決とアクションプランの構築に発展していくのだ。

本書では、会計の数値を語る上で、常に企業活動と関連づけながら会計数値をとらえていくことを念頭に置いている。そのためには、**私がビジネススクールでそうしているように、できる限り読者の皆さんとインタラクティブなやりとりができる構成を試みる。**ときどき問いかける課題には、ぜひ立ち止まって、ペンを持って、一緒に考えてほしい。会計力と戦略思考力の両者を常に意識しながら読み進めていってほしい。

最後に、先に挙げた書籍の中で稲盛氏が明言している言葉を紹介しよう。技術者出身であり、創業者であり、東京証券取引所一部上場の大企業の経営者を長く務めた稲盛氏の言葉だ。とらえ方によっては、稲盛氏ほどすべてを経験された日本人経営者はいないかもしれない。そんな方が明言していることである。

「会計がわからなければ真の経営者になれない」(『稲盛和夫の実学―経営と会計』)

◉「はじめに」のまとめ

■会計＝「会計用語の暗記」「会計ルールの理解」という固定観念は捨てる。会計の数値を企業活動と結びつけて考える。会計の数値と企業活動の往復をスムーズにおこなうための手法を解き明かしていくことが本書の目的

■多忙なビジネスパーソンの大切なリソースを割くべきは、「会計のＷＨＡＴ？」の学習ではなく、「会計のＷＨＹ？」の追求。数値を見て、「なぜそうした数値なのか？」を問い続けることが大切

■「ＳＯ　ＷＨＡＴ？」、つまり「そこから何が言えるのか？」がもうひとつのキーワード。「ＳＯ　ＷＨＡＴ？」の問いかけは、目に見える事象から経営の意味合いを導き出すことにある

目次

はじめに

第1部　会計力

1章　損益計算書（PL）はマトリクスで読む――23
会計用語の記憶に決別を　24
PLはマトリクスで読む　24
売上原価と販管費をどう分けるのか　30
企業が語る営業利益率一〇％の目標　31
ファーストリテイリングのPLを読む　33
◉1章のまとめ　36

2章　貸借対照表（BS）を読み解く三つの基本法則――39
損益計算書（PL）はビデオテープ、貸借対照表（BS）は写真　40
右側はお金の出どころの明細、左側はそのお金の運用状態　43
BSを読み解く三つの基本法則　46

あるべき読み方・法則1——BSは固まりで読む　46
あるべき読み方・法則2——BSは大きな数値から読む　51
あるべき読み方・法則3——BSは仮説を立ててから読む（考えてから読む）　52
ファーストリテイリングのBSを読む　54
◉2章のまとめ　58

3章　企業名のみから決算書を読み解く 仮説・検証のプロセス

——61
1　ステップ1　企業を想像する　62
知っていることを言葉にしてみる　63
【QUIZ①】　63
2　ステップ2　仮説を立てる（決算書をイメージする）　66
決算書を見る前に決算書をイメージする　66
①「トヨタのグループ力って強大だろうな」
②「シェアはもちろん日本一。たしか、グループ全体の国内シェアは四〇%を軽く超えているはず」
③「〝トヨタ銀行〟なんていうくらいだから、きっと現金をたくさん持っているんだろうな」
④「顧客との関係を考えてみると、自動車って普通みんな長期のローンで買うよな。ということは、あれ、そういうのは決算書にどこか出てくるんだっけ」

⑤「トヨタっていうと『カンバン方式』だよな。製造プロセスがどこよりも効率化されているのだな」
⑥「製造業だから、やっぱり設備投資の額はすごいのだろうな」
⑦「原材料を作っている会社との力関係からいったらトヨタのほうがきっと強いだろうから、仕入れ代金の支払いは遅いのかな」
⑧「長年儲かっている会社なんだけど、それってどこで見られるのかな」
⑨「儲かっているということは、銀行とか株主からの新たなお金の調達なんて必要ないのだろうな」
⑩「自動車業界って、完全にグローバルな競争環境にあるよな。きっと利益率も欧米に負けないくらい優れているのだろうな」
⑪「そういえば、この間の日本経済新聞に、二〇〇七年の世界生産・販売台数で、ついにトヨタがGMを抜いて世界一になる可能性大、って書いてあったな」

3 ステップ3 仮説を検証する（決算書を読む） *79*

【QUIZ②】 *79*

〈仮説①〉売上高総利益率は三〇％
〈仮説②〉グループ企業の株式を多額に保有
〈仮説③〉売上高販管費比率が低い
〈仮説④〉現金を多額に保有
〈仮説⑤〉売掛金は売上の二年相当分を保有
〈仮説⑥〉製造から販売まで一カ月内

〈仮説⑦〉有形固定資産を多額に保有
〈仮説⑧〉原材料の購買から支払いまで九〇日
〈仮説⑨〉利益剰余金は莫大
〈仮説⑩〉借金は少ない
〈仮説⑪〉資本金は少ない
〈仮説⑫〉営業利益率、経常利益率で一〇%を達成
〈仮説⑬〉売上、利益ともに成長している
◉3章のまとめ 105

4章 決算書の数値から企業活動を読み解く 仮説・検証のプロセス——107

【QUIZ③】 108
再現 グループ討議 109
BSは大きな数値から読む 113
売掛金を読むことで売っている相手を知る 115
在庫を読むことで業態を知る 116
複数の仮説を総合して結論に至る 117
損益計算書(PL)の特徴と資金調達 118
◉4章のまとめ 122

第2部　戦略思考力

5章 「5つの力」で競争環境を理解する〈導入編〉―― 129
ビジネスを考えるスタート地点は経営の外部・内部環境 130
「勝ち続けるためのしくみ」をつくる 130
考えておくべき五つの要因 132
1 既存業者間（業界内）の脅威 134
2 新規参入の脅威 137
3 代替品の脅威 141
4 売り手の脅威 144
5 買い手の脅威 147
◉5章のまとめ 150

6章 「5つの力」で業界の競争環境と会計数値を読み解く〈応用編〉―― 151
1 王子製紙の敵対的TOBを考える 152
個別企業の事情の前に業界の構造を見る 152
景気回復で売上は増えても減益傾向の製紙業界 153

2　既存業者間（業界内）の脅威――脅威を高める事象ばかり　157
3　新規参入の脅威――市場参入を狙う海外勢　159
4　代替品の脅威――紙の利便性は当面変わらず　163
5　売り手の脅威――原材料価格は価格上昇の一途　164
6　買い手の脅威――差別化難しく価格交渉は買い手が有利　167
【QUIZ④】　174
◉6章のまとめ　174

7章　バリューチェーン〈導入編〉――177
1　経営戦略の違いが生み出すPLの相違　178
【QUIZ⑤】　178
2　バリューチェーンで戦略を分析する　182
◉7章のまとめ　184

8章　バリューチェーンで競合二社の経営戦略を分析する――185
1　研究開発戦略の相違がもたらす利益率の違い　186
【QUIZ⑥】　186
2　製造戦略の相違がもたらす利益率の違い　202

【QUIZ⑦】 202
狙う市場と収益構造の違い 206
バリューチェーンのどこに注力するか 208
3 プロモーション・販売戦略の相違がもたらす利益率の違い 211
【QUIZ⑧】 211
競争のルールはひとつではない 212
流通システムの違いとプロモーション 213
4 販売チャネル戦略の相違がもたらす利益率の違い 218
【QUIZ⑨】 218
チャネルの違いが生む利益率の相違 222
直接販売の花王と間接販売のライオン 223
どこに競争優位を築くのか 229
【QUIZ⑩】 231
◉8章のまとめ 232
おわりに 235
会計スキルを身につけるために 235
身の回りのことに応用する 237

身の回りの会計数値に問いかける　238
フレームワークを活用する　242
キーとなる質問は「WHY?」と「SO WHAT?」　242
間違いを恐れずに結論思考を貫く　243

あとがき　245

【付録Ⅰ】分析の有効なツールとなる会計指標 —— 267
1 総合力　267
2 収益性　265
3 資産効率性　264
4 安全性　259
5 成長性　256
【QUIZ】　254

【付録Ⅱ】トヨタ自動車の連結決算書 —— 252

第1部

会計力

1章

損益計算書（PL）はマトリクスで読む

会計用語の記憶に決別を

図表1-1は、ユニクロを展開するファーストリテイリングの二〇〇六年八月期連結損益計算書だ。読者の中には、この損益計算書上に現れる用語を、一番上の項目の売上高から順番に記憶しようと何度も熱心に試みたものの、なかなか覚えられなかった経験を持つ方もあるだろう。なぜうまく覚えられないのか。それは覚えること自体が目的化していて、何のために覚えたいのか、もっと具体的に言えば、覚えたことで何の分析をしたいのかが明らかでないからだ。

どんな仕事もそうであるように、会計の用語やその使い方も、経験から学んでいくものだ。頭だけで覚えようとしても、そう簡単に自分のものにはならない。頭に入ったとしても、すぐに抜けていくのが関の山となる。

ここでは、あくまで損益計算書の姿を一見することに留め、何ら解説も記憶もしないで先に進むことにしよう。本書を通して多くの損益計算書を目にすることで、仕事と同様に、経験から自然と会計用語が頭に浸透していくはずだ。会計を日頃から難解に感じている人ほど、ここはぜひリラックスして読み進めていこう。

PLはマトリクスで読む

損益計算書をPLと略して呼ぶことが多い。損益計算書は英語でさまざまな呼び名があ

図表 1-1　ファーストリテイリング 2006 年 8 月期連結損益計算書

区　分	自 2005 年 9 月 1 日　至 2006 年 8 月 31 日		
	金額（百万円）		百分比（%）
Ⅰ　売上高		448,819	100.0
Ⅱ　売上原価		236,401	52.7
売上総利益		212,418	47.3
Ⅲ　販売費及び一般管理費			
広告宣伝費	22,231		
給与手当	38,578		
地代家賃	28,518	142,062	31.7
営業利益		70,355	15.7
Ⅳ　営業外収益			
1 受取利息及び配当金	1,045		
2 為替差益	1,805	4,260	0.9
Ⅴ　営業外費用			
1 支払利息	853	1,477	0.3
経常利益		73,138	16.3
Ⅵ　特別利益		1,300	0.3
Ⅶ　特別損失		1,685	0.4
税金等調整前当期純利益		72,752	16.2
法人税、住民税及び事業税	32,613		
法人税等調整額	△ 1,680	30,933	6.9
少数株主利益		1,381	0.3
当期純利益		40,437	9.0

（注）主要な項目のみを記載しているので、大項目とその内訳の合計は一致しません。

図表1-2　損益計算書の構造

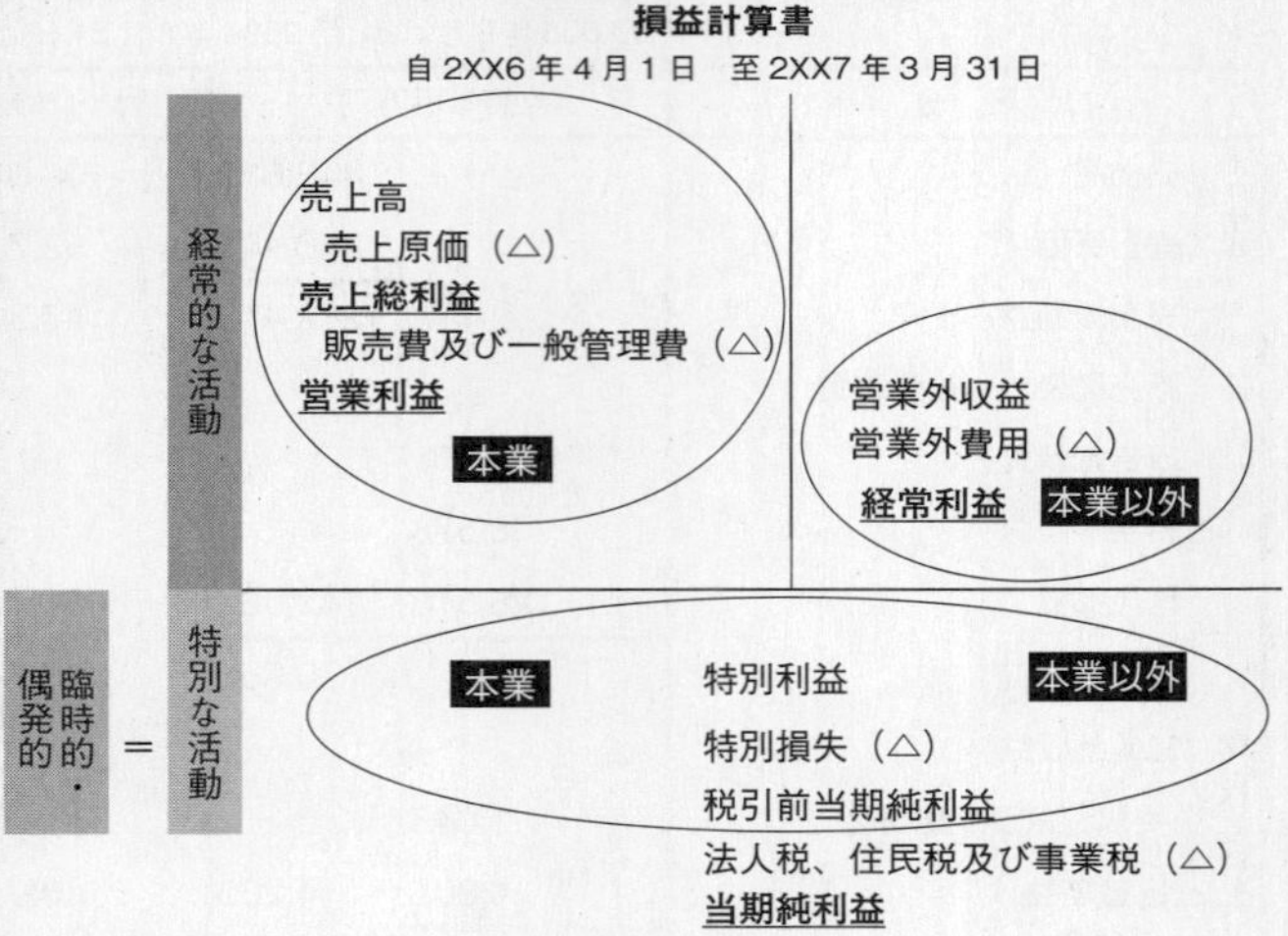

るが、そのひとつが「Profit and Loss」だ。日本語にすれば「利益と損失」となるが、実はこれこそが損益計算書の目的となる。すなわち、一年間という期間で入ってくるものと出ていくものを順序だって並べ、最後に一年間の活動が利益を生んだのか、損失を生んだのかを明らかにするための表である。利益か損失かを明らかにするのが目的だから、必要となるすべての「入り」と「出」をモレなくダブりなく記載することが大切となる。そこで、私たちがまず理解しておきたいのは、「入り」と「出」の並べ方のロジックについてとなる。

PL（以下、損益計算書はPLと呼ぶことにしよう）は図表1-2に示したようなロジックによって、上から下ま

図表1-3　損益計算書のマトリクス

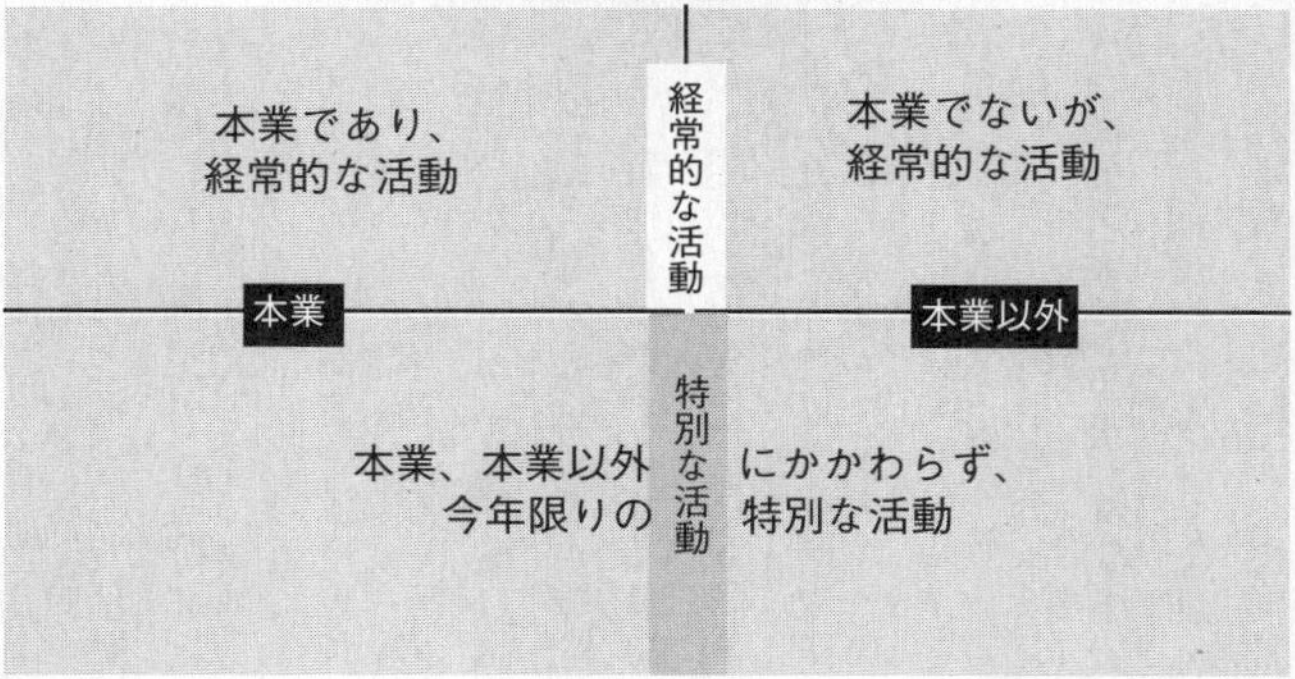

で順番に並んでいる。先ほどPL上の細かな用語（WHAT）はすぐに記憶する必要はないと言ったが、このロジック（WHY）はぜひ覚えてほしい。私はビジネススクールの場でも、「これは覚えてください」とはほとんど言わない人間なので、よほど重要であるととらえてほしい。

PLは、大きく二つの軸によって、マトリクス構造に分解することができる。図表1-3に示すように、ヨコ軸は「本業か」「本業でないか」、タテ軸は毎年おこなっている「経常的な」活動なのか、そうではない今年限りの「特別な」活動かという二つの軸だ。「売上高」から始まり、「売上原価」と「販売費及び一般管理費」を引いた営業利益までが、「本業」であり「経常的な活動」となる。企業は本業があるから存在し、それを経常的に毎年行うわけだから、売上高から営業利益までが、会社にとってもっとも根幹となり、企業の存在意義そのものとなる。

「本業」で「経常的な活動」が終わると、ヨコ軸の右側に移り、「本業ではない」が「経常的な活動」となる。そうした活動から入ってくるものが「営業外収益」、出ていくものが「営業外費用」だ。営業外は実際のところ、大部分が財務活動から発生するものと考えてよいだろう。具体的には、銀行にお金を預けたことから発生する受取利息、保有する株式から得る受取配当金、あるいは借入れから発生する支払利息などだ。

ここで、本業か本業でないかの切り分けは、企業の定款《ていかん》において自社の事業として定めているか否かによる。一度ぜひ自分が働いている会社の定款を頭からお尻まで読んでみよう。それはさながら会社の戸籍を読むようなものだ。

定款は会社を設立する際に最初に作成する書類のひとつで、どんなに小さな会社にも存在する。定款には商号、事業目的、本店の所在地や、株式、株主総会、取締役と取締役会、さらには監査役などの取り決めについて記載されている。世の中が変化すれば、企業が変化しないわけにはいかない。そのときには定款の事業目的を株主総会で変更し、新たな事業として加えればよい。

たとえばファーストリテイリングは、二〇〇六年十一月の株主総会で定款を変更し、「化粧品、スキンケア製品、及びヘアケア製品の販売と、CD等の情報記録物の企画及び販売など」を、新たな事業として加えている。これらの事業からの売上、売上原価、販売費及び一般管理費は、以降すべて同社にとって「本業」となり、「経常的な活動」であるから、営業利益より上にすべて反映されることとなる。

さて、タテ軸の上方にある「経常的な活動」が終わると、残りは下方の「特別な活動」となる。ここは本業であろうがなかろうが関係ない。特別な活動、つまり今年限りの臨時的・偶発的なものと判断されれば、そこから得た利益は「特別利益」、失った損失は「特別損失」となる。たとえば、ある企業が所有している工場を売却するとする。当然ながら工場は本業を行うために所有していたわけだが、それを売却するという行為は特別な活動だ。売却の結果、帳簿上の金額より高く売れればその差額が特別利益、安くしか売れなければその差額が特別損失となる。

二〇〇七年三月期の決算において、阪急阪神ホールディングスは三〇億円の野球選手移籍金を特別利益に計上している。これは阪神タイガースの井川慶選手がポスティングシステムで移籍する際に、ニューヨークヤンキースから受け取った入札額だ。井川選手が所属していた阪神タイガースの球団経営は、阪急阪神ホールディングスにとって「本業」で「経常的な活動」ではあるが、井川選手規模の移籍はさすがに「特別な活動」ということだろう。

ここまでで税金以外の項目は終了した。だから、税金を引く前の純粋な利益、すなわち「税引前当期純利益」と呼ばれる。税金を差し引けば、もう引くものはない。当期の純粋な利益だから、これを当期純利益と呼ぶ。

ＰＬの細かな用語を今すぐ覚える必要はない。ただし、**二つの軸からなるマトリクス**の

図表1-4　売上原価と販管費をどう分ける（製造業の例）

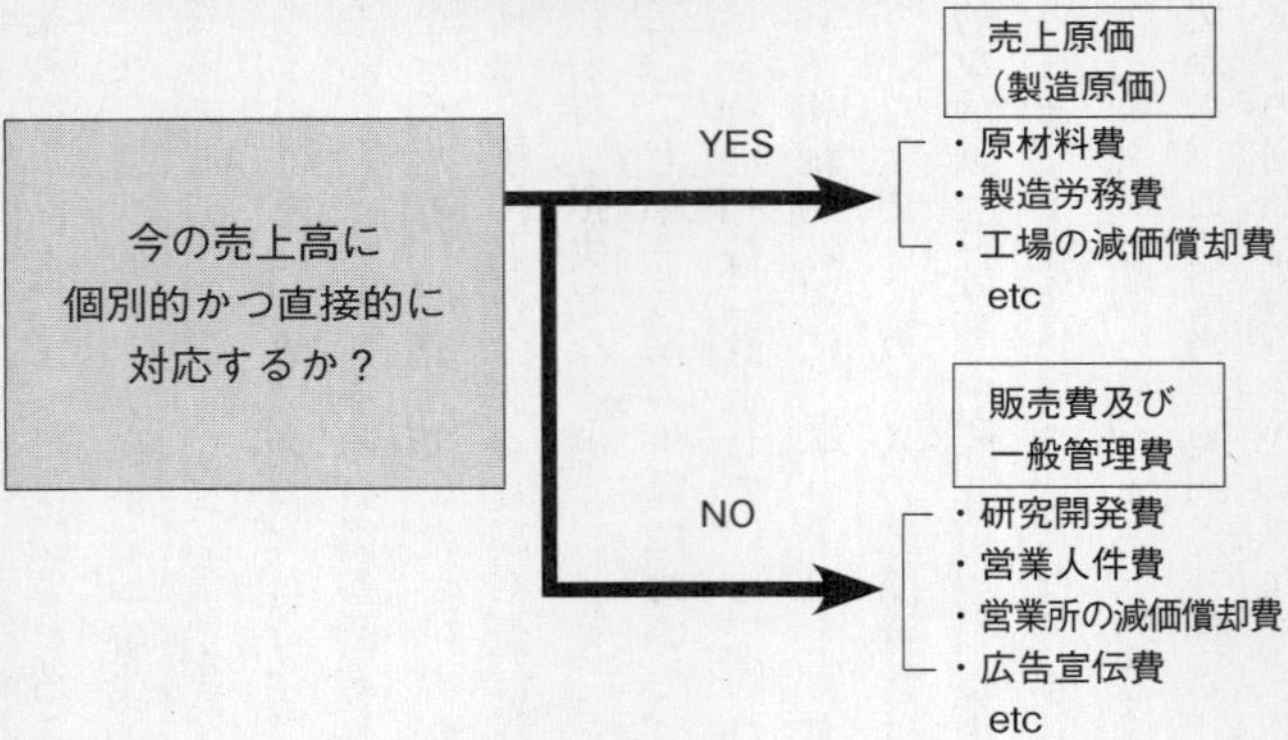

姿は、この時点でしっかりと押さえておいてほしい。

売上原価と販管費をどう分けるのか

「本業」で「経常的な活動」、つまり左上のゾーンには、売上原価と販売費及び一般管理費の二つの費用が存在する。販売費及び一般管理費は販管費と略称で呼ばれることが多いので、本書でもそう呼ぼう。さて、売上原価と販管費の切り分けはどのようなロジックによるのだろうか。この質問に対する答えは、研究開発費がなぜ販管費に計上されるのかを理解することで解明する。

国内最大手の医薬品会社である武田薬品工業は二〇〇七年三月期連結決算で、一九三三億円の研究開発費の全額を販管費に計上している。これは当期の売上高一兆三〇五一億円の一四・八％に相当するもので、医薬品業界では一般的だが、実に大きな費用項目だ。武田薬品はなぜこの研究開発費を、売上原価ではなく販管費にすべて計上しているのだろうか。

売上原価の定義は、「今の売上高に個別的かつ直接的に対応しているもの」となる。医薬品業界の研究開発は、今の売上に直接結びつくものではない。将来の売上、しかも売上を生むような薬に結びつくかも分からないものへの投資である。よって今の売上には個別的にも直接的にも対応しえない。必然的に、医薬品業界の研究開発費はすべて、売上原価にはならないことになる。しかしながら、研究開発費が「本業」で「経常的な活動」から生じる費用であることには変わりない。結果として、販売費及び一般管理費、具体的にいえば一般管理費として研究開発費は計上すべきものとなる。

企業が語る営業利益率一〇％の目標

「松下電器は決して大企業ではなく、『中堅企業の集合体』です。二〇一〇年に向けて事業分野別の企業がそれぞれに強くなり、世界一になるという心構えでいかなければ、松下という会社は成り立ちません。お客様のご要望に俊敏にお応えし、高く評価いただける製品を連打し、太い柱に育て、二〇一〇年の目安として売上高一〇兆円規模、営業利益率一〇％、時価総額一〇兆円のグローバルエクセレンスの仲間入りを果たしていかねばなりません。」

これは、松下電器産業の中村邦夫社長（現会長）が二〇〇六年度定期採用入社式で述べた言葉だ。**売上高営業利益率一〇％の目標は、特に製造業における優良企業のベンチマークとして国内でよく用いられる数値である。**この比率は、営業利益を売上で割って計算するが、要は売上から本業周りの費用をすべて引いた段階で、どれくらい利益として残っているかを表すものだ。

ここまで述べてきたように、営業利益は、「本業」であり「経常的な活動」から生まれる利益だ。企業の存在意義そのものである。よって、そこで十分満足できるレベルの利益を出せていないのであれば、競合に比べて製品の競争優位性が劣っているのか、あるいはコスト構造に問題があるのかなど、何らかの改善が必要な事項が発生しているはずだ。十分な利益が出せていないのであれば、将来のための設備投資や優秀な人材の維持・採用にも影響してくるだろう。株主への配当も十分なものにはならない。利益が十分でなければ、株価の上昇も限定的となる。取引先からの信用も徐々に崩れていくだろう。

松下電器は電機業界の勝ち組ともてはやされている。二〇〇七年三月期の売上高営業利益率は、たしかに総合電機大手一〇社の中でも、シャープ、三菱電機の六・〇％に次ぐ五・〇％を確保している。しかし中村会長の言う「グローバルエクセレンス」を目指すのであれば、この水準ではまったく不十分ということだ。

分かりやすい参考指標として海外の競合企業と比較すれば、韓国サムスン電子は同比率で二〇〇六年十二月期に一〇・五％を達成している。松下の目指す売上高一〇兆円に換算すると、利益率五％の差は五〇〇〇億円の営業利益の差を生むことになる。グローバルエクセレンスを目指す松下であれば、グローバル市場での勝ち組となるには、まだ大きなギャップが存在していることが明らかとなる。そうした危機感から来る中村会長の強いメッセージだ。ではなぜ一〇％なのだろうか。これについては本書の目指しているレベルからは、残念ながら大きく飛躍してしまう。拙著『企業価値を創造する会計指標入門』（ダイヤモンド社）に余すところなく記述してあるので、次のステップとしてぜひ参照してほしい。

ファーストリテイリングのPLを読む

PLの解説の最後に、ファーストリテイリングのPLを図に表しながら、簡単に眺めてみることにしよう（図表1-5）。

売上から売上原価を差し引いた売上総利益は一般に粗利と呼ばれる。ファーストリテイリングの粗利が売上の四七・三％という高利益率を示していることにまず驚かされる（図表1-5①）。**製造業でも小売業でも比較的よく見られる粗利は、二〇～三〇％である。**小売業の売上原価は仕入に相当するので、ユニクロはいわば、仕入コスト五三〇円のフリースを一〇〇〇円で販売しているということだ。「値段が安い＝利益率が低い」という先入

図表 1-5　ファーストリテイリングの損益計算書（イメージ図）

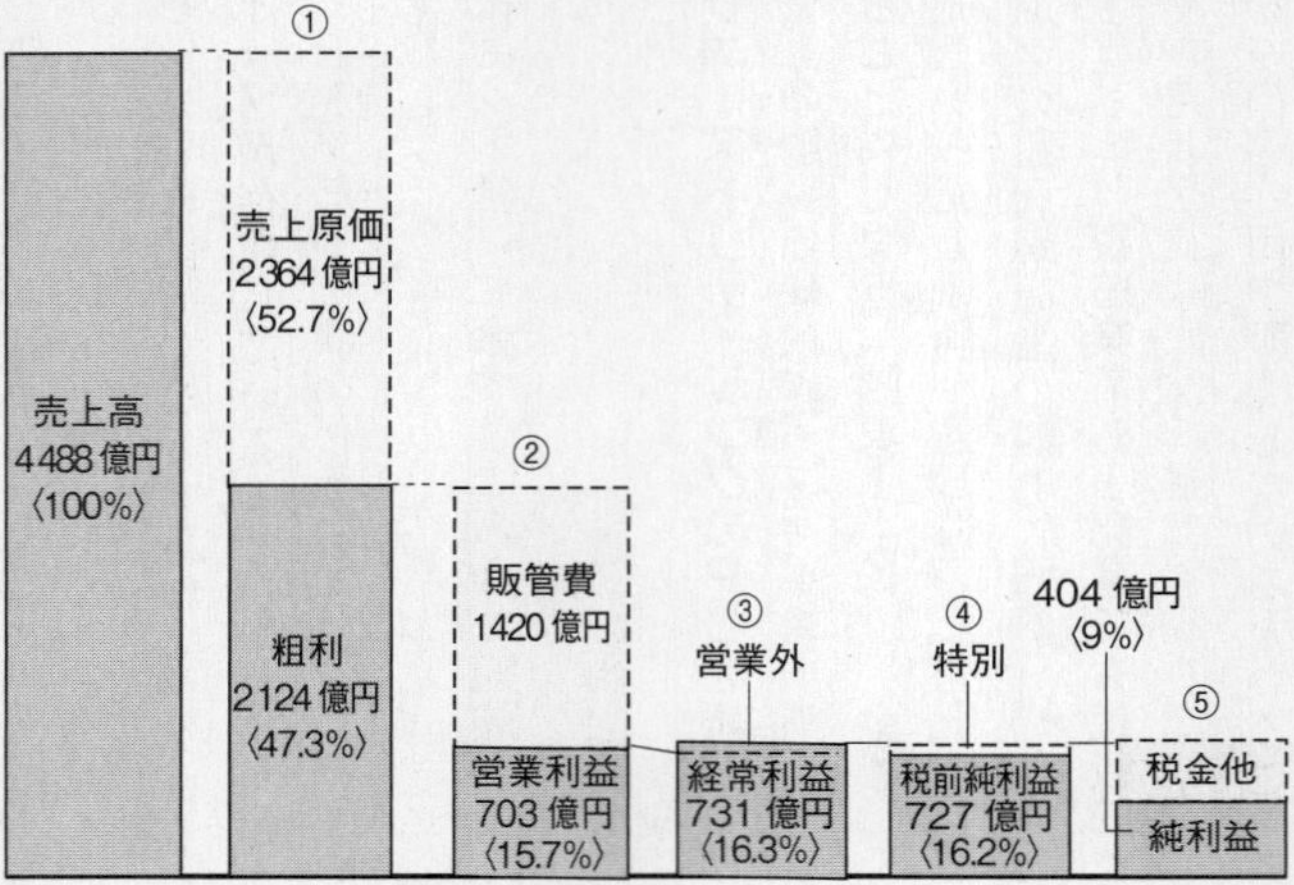

(注)パーセントは売上高に対する割合を示す

観を打ち砕くには、十分すぎる好例だろう。

次に販売と一般管理に要する販管費を差し引いた営業利益が七〇三億円におよび、売上の実に一五・七%に達している（②）。先に営業利益率一〇%を優良企業のひとつのベンチマークとして挙げたが、それは製造業の話であって、薄利多売を旨とする小売業ではかなりハードルの高い利益率だ。五%超の余裕を持ってそれを達成している同社の高収益性には、あらためて興味をそそられる。

販管費はその中身をとらえることで、企業のモノの売り方が見えてくる。図表1-1のPLに示したように、ファーストリテイリングの主要な販管費は、TVコマーシャルや新聞の折込チラシに

図表 1-6　ファーストリテイリングの損益計算書と特徴

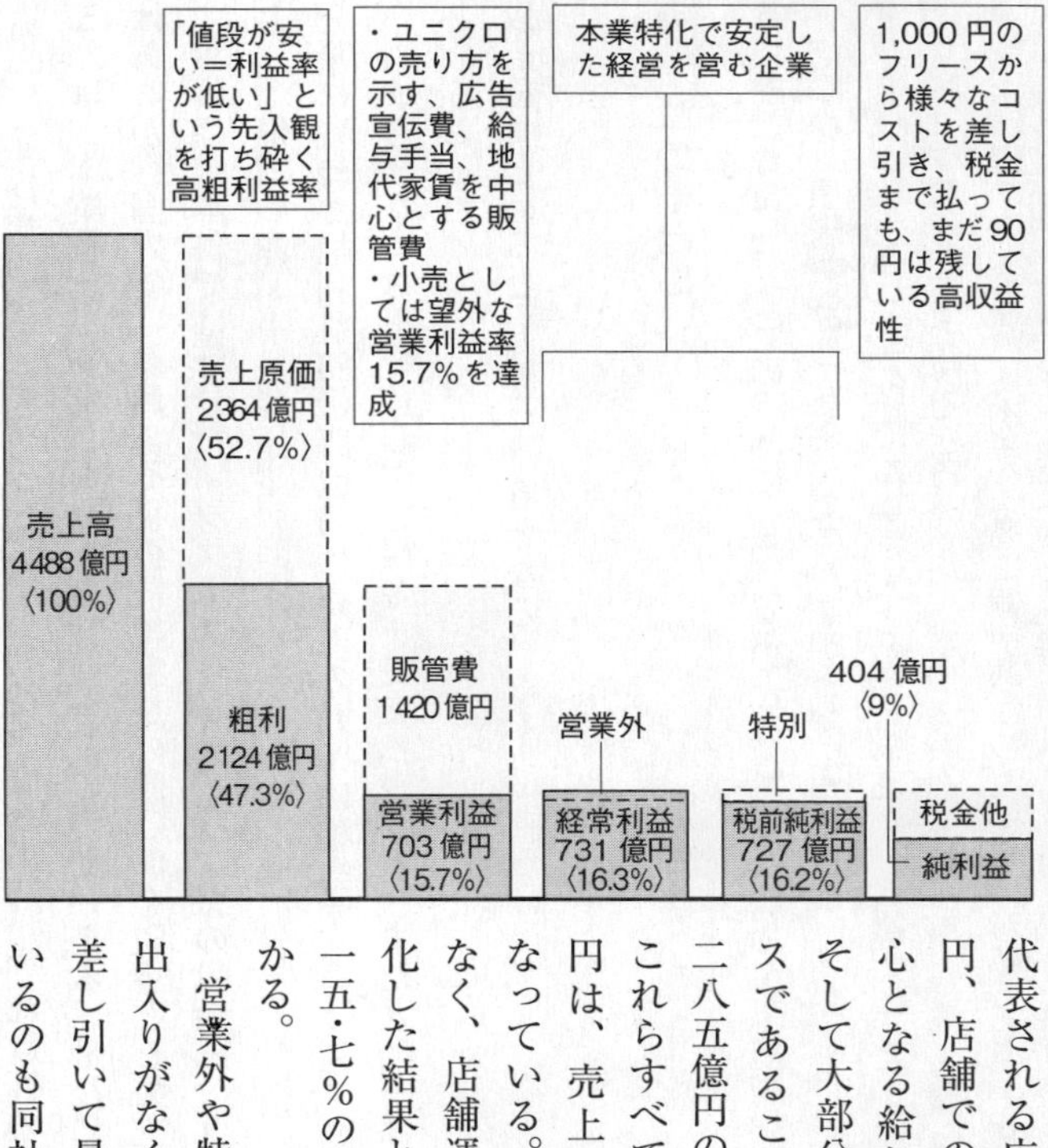

代表される広告宣伝費二一二億円、店舗での販売スタッフが中心となる給与手当三八五億円、そして大部分の店舗が賃借ベースであることを示す地代家賃二八五億円の三つとなっている。これらすべてを足した八九二億円は、売上のわずか二〇％となっている。粗利が高いだけでなく、店舗運営を徹底的に効率化した結果としての営業利益率一五・七％の達成であることが分かる。

営業外や特別の収支に大きな出入りがなく、そのまま税金を差し引いて最終純利益に至っているのも同社の特徴だ（③④）。

「本業」で「経常的な」活動から十分な利益を生み出し、それ以外の余計な出入りが少ないことは、本業特化で安定した経営を営む企業の姿といえる。最後に、税金の世界は複雑ではあるが、国内ではおおよそ税引前純利益の四〇%を税金として支払うという点を押さえておけば、本書では十分だ。ファーストリテイリングの税金三〇九億円は、税引前純利益七二七億円の四二・五%に相当している。

最後に残った純利益四〇四億円は売上の九%に相当する(⑤)。一〇〇〇円のフリースからさまざまなコストを差し引き税金まで支払っても、まだ九〇円は残っている高収益体質ということだ。

以上をまとめると、図表1-6となる。

◉ 1章のまとめ

- ■ 損益計算書(PL)の目的は、その名のとおり、1年間の企業活動が利益(Profit)を生んだのか、損失(Loss)を生んだのかを明らかにすること
- ■ PLは「本業か」「本業でないか」と、「経常的か」「特別か」という二つの軸によって、マトリクス構造に分解できる
- ■ 売上原価の定義は、「今の売上高に個別的かつ直接的に対応しているもの」。今の売上に直

接結びつかない研究開発費は、売上原価ではなく販管費として計上する

■ファーストリテイリングの例を通してPLを概観した。ユニクロのビジネスを想像しながら、一つひとつの金額と売上比率を納得しながら読んでいこう

2章

貸借対照表（BS）を読み解く三つの基本法則

損益計算書（ＰＬ）はビデオテープ、貸借対照表（ＢＳ）は写真
売上目標やコスト予算を抱えて日々業務を行っている多くの読者にとって、損益計算書（ＰＬ）に記載される売上や費用は、貸借対照表（ＢＳ）に比べればまだ身近な話だ。それに比べると貸借対照表は、日常の業務と照らしても距離を感じることが多い。

2006年８月期連結貸借対照表

区　分	金額（百万円）	構成比（%）
	(2006年８月31日)	
（負債の部）		
Ⅰ　流動負債		
1 未払手形及び買掛金	42,794	
2 未払法人税等	30,340	
流動負債合計	112,492	29.7
Ⅱ　固定負債		
1 長期借入金	19,584	
2 退職給付引当金	437	
固定負債合計	26,683	7.0
負債合計	139,175	36.7
（純資産の部）		
Ⅰ　株主資本		
1 資本金	10,273	2.7
2 資本剰余金	4,999	1.3
3 利益剰余金	211,135	55.6
4 自己株式	△15,539	△4.1
株主資本合計	210,868	55.5
Ⅱ　評価・換算差額等		
1 その他の有価証券評価差額金	464	0.1
2 繰延ヘッジ損益	16,384	4.3
3 為替換算調整勘定	509	0.1
評価・換算差額等合計	17,358	4.6
Ⅲ　少数株主持分	12,252	3.2
純資産合計	240,479	63.3
負債及び純資産合計	379,655	100.0

図表 2-1　ファーストリテイリング

区　分	金額（百万円）		構成比（%）
	（2006 年 8 月 31 日）		
（資産の部）			
Ⅰ　流動資産			
1 現金及び預金		121,950	
2 受取手形及び売掛金		8,396	
3 有価証券		25,237	
4 棚卸資産		42,862	
流動資産合計		250,326	65.9
Ⅱ　固定資産			
1 有形固定資産			
(1)建物及び構築物	41,555		
減価償却累計額	18,326	23,229	
(2)器具備品及び運搬具	3,301		
減価償却累計額	1,698	1,602	
(3)土地		4,299	
(4)建設仮勘定		761	
有形固定資産合計		29,892	7.9
2 無形固定資産			
(1)のれん		32,996	
無形固定資産合計		41,221	10.9
3 投資その他の資産			
(1)投資有価証券		1,146	
(2)関係会社株式		6,626	
(3)敷金・保証金		29,638	
(4)建設協力金		20,288	
投資その他の資産合計		58,213	15.3
固定資産合計		129,328	34.1
資産合計		379,655	100.0

貸借対照表上に現れる売掛金、棚卸資産（在庫ともいう。製造業は原材料⇒仕掛品〈製造中のもの〉⇒製品　のプロセスにあるものすべて。小売業や商社では仕入れた商品）や、工場の建物、土地など、個別の資産は確かに業務に密着したものだ。しかし貸借対照

図表 2-2　PLはビデオ、BSは写真

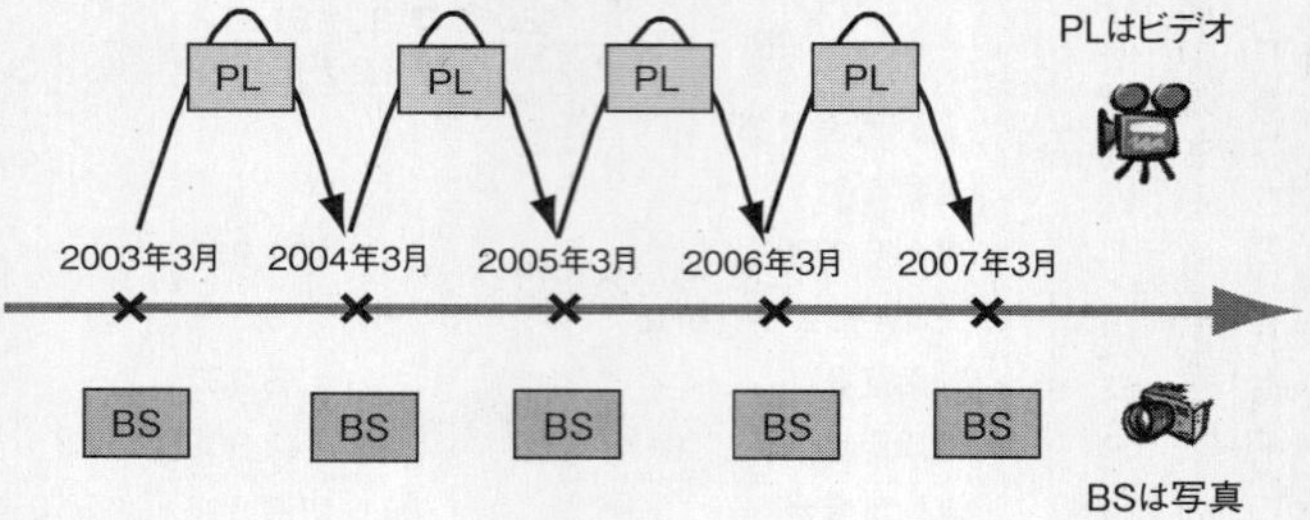

表を全体像で見る機会を持つ人は、会社の中でも意外に限定されている。PLと同様に、貸借対照表もまずはファーストリテイリングを示すことから始めよう。

貸借対照表は英語では「Balance Sheet」と呼ばれる。一般には頭文字をとってBSと呼ぶことが多いので、本書でもこの呼び名に統一していく。先に見た図表1-1のファーストリテイリングのPLと図表2-1のBSでまず注目したいのは、PLでは期間（二〇〇五年九月一日〜二〇〇六年八月三十一日）が冒頭に記載されているのに対して、BSでは日付（二〇〇六年八月三十一日）が、記載されていることだ。ちなみに決算月は企業ごとに定めるものだが、多くの日本企業は三月決算を採用している。ファーストリテイリングが八月決算を採用しているのは、日本国内ではビジネスが比較的スローになる「にっぱち」（二月と八月）に合わせているためかもしれない。小売業界では、セブン-イレブンやイトーヨーカ堂を傘下に持つセブン&アイ・ホールディングスやイオンを始めとして、二月決算期の企業が実に多い。

図表2-2に示すように、PLは一年間の企業活動における「入り」と「出」を順番に並べたものだ。いわば企業の一年間の活動をビデオカメラで撮影したものである。撮影の終わったビデオテープを保管する際に、「○月□日〜△月×日」と撮影した期間を書くのと同様に、PLの冒頭には必ず期間が記載されている。

一方のBSは、三月決算の企業であれば、三月三十一日真夜中二四時の瞬間に企業を撮影した写真である。アルバムに写真を貼る際に「△月×日」と撮影した日付を書くのと同様に、BSの冒頭には必ず日付が記載されている。では、BSは何を撮影した写真なのだろうか。

右側はお金の出どころの明細、左側はそのお金の運用状態

企業の活動をざっくりしたイメージで表したものを図表2-3に示す。

企業活動は、株主や金融機関からお金を調達することから、すべてが始まる（図表2-3の①）。

その調達したお金を自分が得意とする事業活動へと投資する（②）。原材料を購入し製造すること、工場の建設のために建物や土地を購入すること、あるいはM&Aのために相手の会社の株式を購入することなどが投資の例として挙げられる。株主や金融機関か

図表 2-3　右側はお金の出どころの明細、左側はそのお金の運用状態

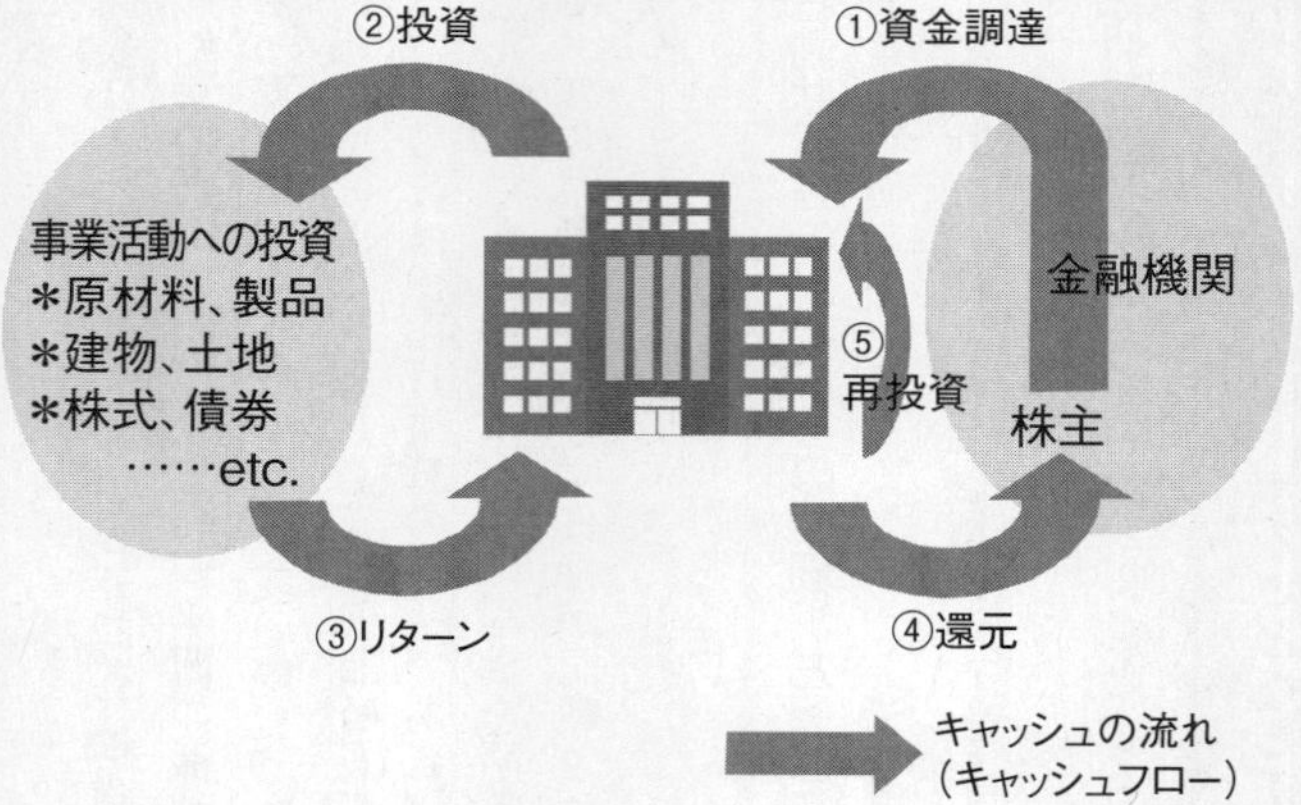

らすれば、自分でそうした事業活動をするより、その企業にお金を託したほうが上手に活用し、結果を出してくれると思うから投資している。

必然的に、投資からリターンを出すことが、企業に求められている（③）。

得られたリターンはお金を出してくれた株主への配当や、金融機関への支払利息、元本返済といった形式で、適切に還元していく必要がある（④）。

しかし、企業はたった一年のために活動しているわけではない。次年度以降のためにもリターンの一部は継続的に次の投資に振り向けていかなくてはならない（⑤）。

企業活動をざっくり言えば、このような活動の繰り返しであり、その中心を企業活動の血液となるキャッシュが流れている。キャッ

図表2-4　資金の調達先合計と投資先合計は、必ずバランスする

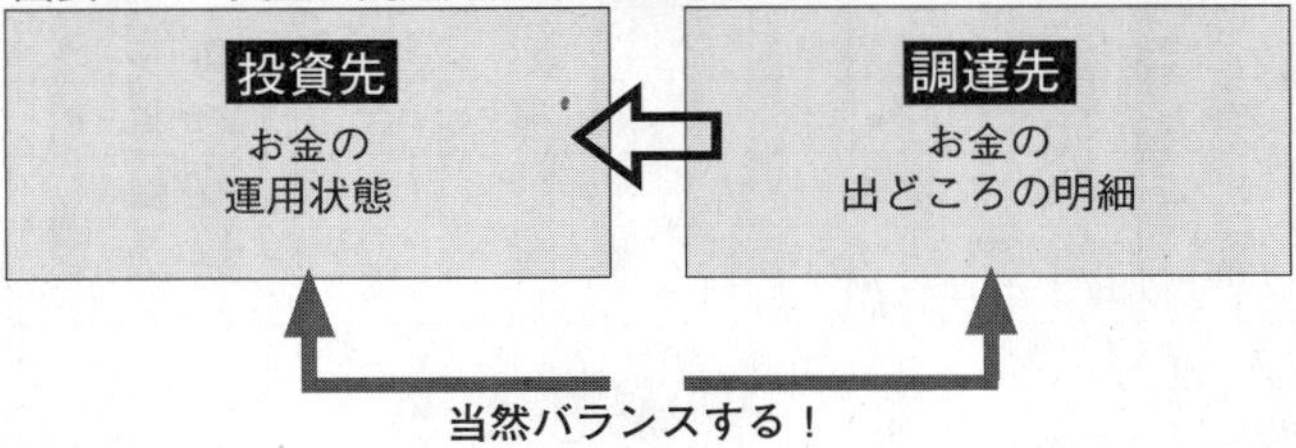

シュの流れだから、キャッシュフローというわけだ。血液の流れが止まれば人の命が絶たれるのと同じように、企業もキャッシュという血液の流れが止まった瞬間に倒産に至ってしまう。

そんな中、三月三十一日の決算日がやってくると、記念撮影である。図表2-3の活動をそのまま写真に撮ったものがBSとなる。よって、写真の右側にはお金の出どころの明細、つまりどこからどのようにお金を調達したのかが写し出される。一方の左側には、そのお金の運用状態、つまりどのような資産に現在投資しているかが写し出される。

このように、BSの左と右はまったく別の情報が記載されているので、それぞれから有用な情報を読み取ることが大切となる。左右の情報の意味はまったく異なるが、左右それぞれの合計金額は必ず一致する。よって、この表のことを英語では、左右の合計金額がバランスしているシート、すなわちバランスシートと呼ぶのである。

日本語もよく見ると貸借対照表、つまり「貸方（右側）と借方（左側）が対照している表」という名称になっている。英語でも日

本語でも、「左右の合計金額が一致している表」ということで、よくよく考えればこっけいな名称であることに気づく。

BSを読み解く三つの基本法則

これから解説していくのは、BSのあるべき読み方だ。私はBSを効率的かつ効果的に読むために、日頃から三つの基本法則をビジネススクールの場で伝えている。この三つを守ると、BSが生きた企業活動と結びついた、血の通った表であることを実感できるはずだ。この読み方がなぜ優れているかを明確にするため、BSのダメな見方と対比してみよう（図表2-5）。

図表 2-5　BS のあるべき読み方とダメな見方

	あるべき読み方		ダメな見方
法則 1	BS は固まりで読む	⟷	いきなり各論から入る
法則 2	BS は大きな数値から読む	⟷	上から順番に眺める
法則 3	BS は仮説を立ててから読む（考えてから読む）	⟷	見てから考える

あるべき読み方・法則1――BSは固まりで読む

「木を見て森を見ず」という言葉がある。細かいこと、つまり各論ばかりに目が行ってしまい、全体像がなかなかつかめないことだ。細かいことに目が行くのは悪い話ではない。ただし、それが大事なことだと確認できてからの話である。全体からすれば必ずしも重要性の高くはないことに多くの時間を費やすのは、決して有益ではない。

図表 2-6　貸借対照表の構造

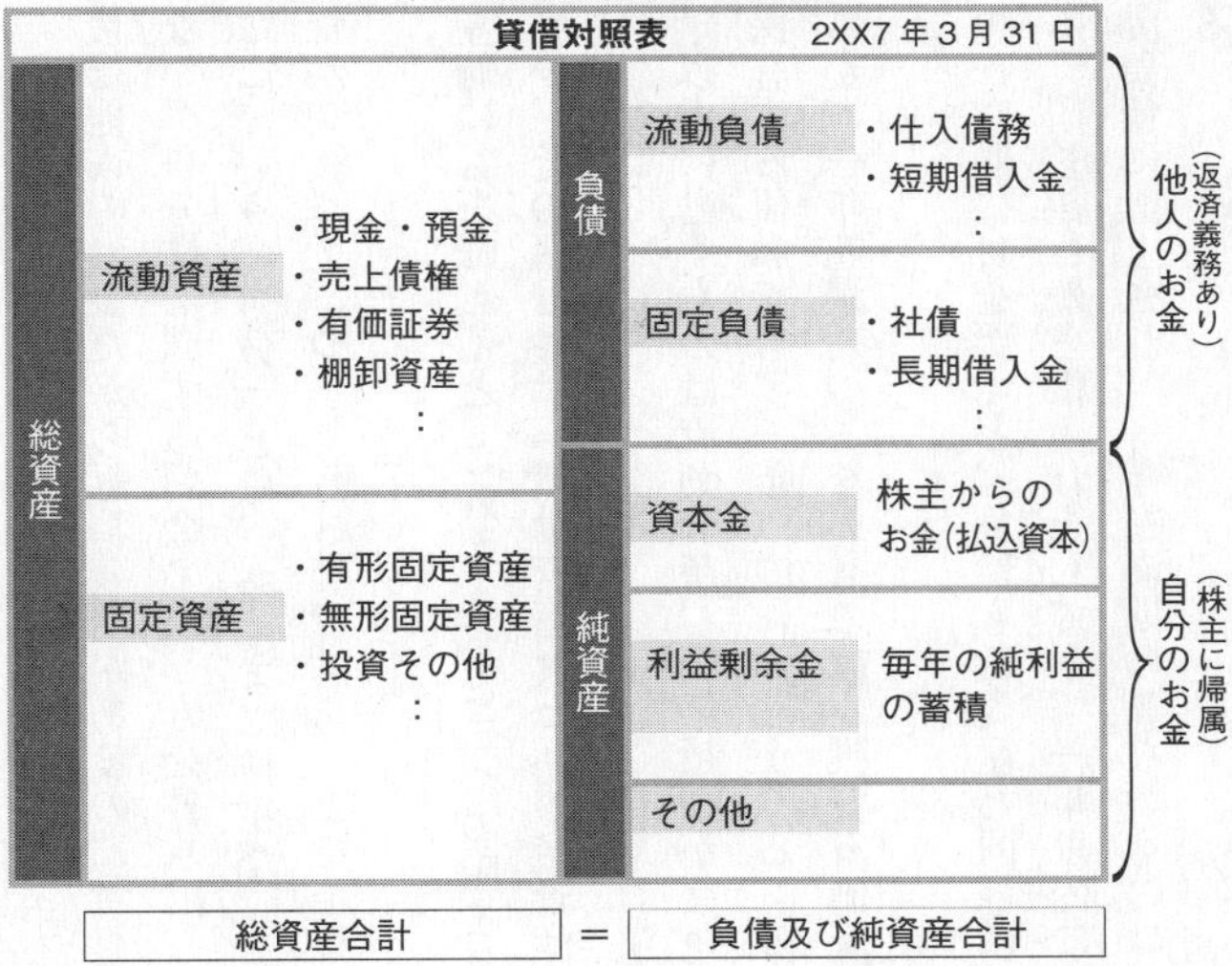

できるだけ固まりで見る、つまり森をとらえ、徐々に林に見入り、最後にそれが大事だと思えば、一本一本の木々、幹、そして枝葉を見ていくべきということ。これはBSを読む上でもまったく同様である。**BSは固まりで読む、これが第一に大切な法則となる。**このアプローチを意識しながら、BSの全体像を見ていくこととしよう（図表2-6）。

まずはBSを右側から大きく見ていく。右側の資金の調達先は、大きな二つの固まりに分かれていることが分かる。これは一言でいうと、「自分のお金か、他人のお金か」という切り口だ。自分のお金を「純資産」、他人のお金を「負債」と呼ぶ。純資産は二〇〇六年五月の会社法施行前は資本の部と呼ばれていた。負債は他人のお金だから返済義務があるのに対して、純資産は自分のお金だから返済義務はない。自分に帰属するお金の出し分を書き出しているにすぎない。

ここでいう「自分」とは、あくまで株主だ。「企業は誰のものか」という議論が昨今盛んだが、法律上、つまりBS上ではあくまで企業は株主のものとなる。

左側に目を転じると、これも大きな二つの固まりに分かれている。左側全体を「総資産」と呼び、その区分けは「流動資産」と「固定資産」となる。この呼称から容易に想像がつくが、流動的なものと固定的なものという区分けだ。具体的には一年間という切り分けで、一年以内に動くものは流動資産、一年超動かないものは固定資産となる。たとえば、企業が保有する債券でも、一年以内に満期がくるものは「有価証券」として流動資産に計上されるが、一年超満期のこないものは「投資有価証券」として固定資産に計上される。

再び右側に目を戻すと、負債も総資産と同様に、流動と固定という表記で区分けされている。同じ銀行から借入れをしても、一年以内に満期のくるものは「短期借入金」として流動負債に計上され、一年超満期のこないものは「長期借入金」として固定負債に計上される。

図表 2-7　毎年の純利益(PL)は利益剰余金(BS)として蓄積される

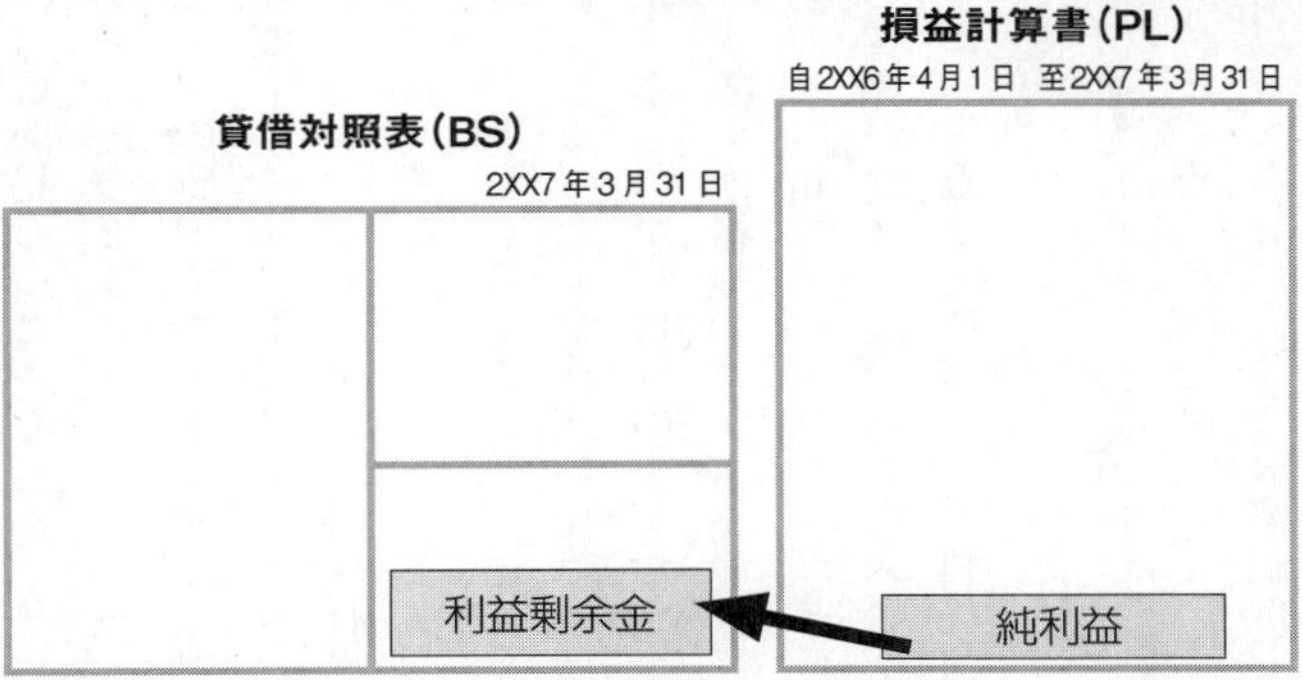

最後に「純資産」だ。左側の総資産から、返済義務のある負債を差し引いた純粋な資産なので、純資産と呼ぶ。前述のように、純資産の所有者は株主だ。純資産は図表2-6に示したよりも実際は非常に細かく表記されるが、本書の目的からは外れるのでここではカットする。細かな表記は、ファーストリテイリングのBSを参照してほしい。

純資産で最初に確認してほしいところは、「資本金」ではなく「利益剰余金」である。少々難しい言葉だが、この利益剰余金は企業が稼いだ毎年の純利益が蓄積されていくところとなる。いわゆる内部留保とは、ここを指す。ここから配当が支払われるなど、利益剰余金は貯まっていくばかりではないが、しっかりと利益を稼いできた企業は、この利益剰余金を潤沢に保有していることが通常だ。BSは年度末の瞬間写真だと述べたが、写真ではあっても、過去の利益の蓄積という、企業活動の歴史を利益剰余金から垣間見ることができる。PLとBSは、この利益剰余金を通して有機的につながっている（図表2-7）。

毎年しっかりと利益を計上し、利益剰余金を増加させているような企業は、資本金の額は意外と少ない。企業のホームページやパンフレットの会社概要欄で資本金が表記されるなど、ついつい資本金には目が行きがちだ。しかし、企業分析という視点では資本金はそれほど重要ではない。少なくとも利益剰余金の額を最初に確認し、それとの見合いで資本金がどの程度の額かを評価するべきだ。

資本金は、企業が株式の発行（増資）によって投資家から新たな資金を調達したときに増加するものだ。自社の事業から十分な利益を計上し、それを原資として、設備投資や配当の支払いが機能している企業は、資本金の額は利益剰余金に比べて少ないことが多い。もちろん、借金も必要ない。つまり、利益剰余金の金額に対して、資本金や借金には反比例の関係が存在しているケースが多い。その際たる例は、資本金わずか一〇二億円、借金わずか一九五億円に対して、利益剰余金として二一一一億円を保有するファーストリテイリングだ。

その逆もしかり。毎年の利益が十分に稼げていない企業は、利益剰余金の額が乏しい。さらには、毎年赤字を計上しているような企業では、利益剰余金の額がマイナスになっている場合もある。自社の事業から十分な利益が計上できていない企業は、借金が多かったり、あるいは増資を繰り返すことで資本金が膨れ上がったりしているケースが多い。

その際たる例は、利益剰余金わずか二四七億円に対して、資本金一七四二億円、借金一兆二一五億円を保有する日本航空（二〇〇七年三月期）だ。利益剰余金のわずかなプラスの数字も、実は会計のテクニックを使って当年度に資本剰余金というところから大きな金額を移動したことで作り出した人為的な数値だ。前年度二〇〇六年三月期の利益剰余金は九〇〇億円を超えるマイナスだった。利益ではなく赤字の剰余で、これは「欠損金」と呼ばれる。

いきなり各論に入るのではなく、BSは固まりで読む、これが一つ目に大切な法則である。

あるべき読み方・法則2――BSは大きな数値から読む

BSを見る際にもっとも多いアプローチは、左の上、つまり現預金から順番に眺めていくことだ。このアプローチがよくないのは、上から順番に見ていく中で知らない言葉があったりすると、どうしてもそこに気を取られ、結果として実は重要性の乏しいことにムダな時間を割かれてしまうことにある。

たとえばBSを上から見ていくと、流動資産の中に繰延税金資産といった言葉が通常現れる。几帳面な方ほど、この意味をインターネットや会計の本で調べて理解しようとするが、調べるほど難しい言葉が登場して余計に混乱してしまう。結果として、会計＝難しいという固定観念に陥っていく。繰延税金資産は税金の前払いに相当するもので、大事でないとは言わないが、その意味を調べようとしている人にとっては、重要性はまだ低いはずだ。

企業の特徴は、大きな数値に表れている。よって、まずは大きな数値に着目し、その意味を読み解くことから企業の実態をとらえるクセをつけていこう。**上から順番に眺めるのではなく、ＢＳは大きな数値から読む**、これが二つ目に大切な法則である。

あるべき読み方・法則３——ＢＳは仮説を立ててから読む（考えてから読む）

ある企業の分析をしようという以上は、その企業に関する一定の知識は持っているはずだ。何らかの利害があって決算書を見ようとしている企業なのだから、その企業や業界についてまったく何も知らないということはまずない。であれば、それらを言葉にして、それがどのように決算書に現れているかを考えることから始めてみよう。

「この業界は典型的な装置産業だから、有形固定資産、中でも建物と土地が多いはずだ」
「あの会社は最近良い噂を聞かないな。銀行が要注意先としてランクづけするほど、借金が多いはずだよな」

「最近業績好調の会社だから、きっと売掛金や在庫が一気に増えているんじゃないかな」

見てから考えるのではなく、考えてから読む、これが三つ目に大切な法則である。

こうして決算書を実際に読む前にその企業の決算書を想像する作業を以降、**仮説を立てる**と呼ぶことにする。実際のアプローチは次の3章に委ねるが、仮説を立てる上でもっとも大切なことをここで記しておきたい。

それは、仮説を立てる際には、決して間違いを恐れないことだ。仮説とは言葉のとおり、仮の説である。現時点で自分ができる精一杯の結論であることが大事で、正しい、間違っているは二の次だ。後で確認して、正しければハッピー、間違っていても一度間違えれば次からはまず間違えないだろうからハッピーなはずだ。仮説を立てないで、単に見て納得しているだけでは、分析力という点で何の進歩も生まれない。

では間違いを恐れずに、仮説はどのように立てたらよいのだろうか。間違いを恐れないといっても、行き当たりばったりの当てずっぽうではほめられない。どのようなロジックで結論に至ったのかが常に問われる。その際にキーとなる質問はやはり、「ＷＨＹ?」、つまり「なぜその数値なのか?」と、「ＳＯ ＷＨＡＴ?」、つまり「その数値から何が言えるのか?」である。こうした論理的思考力を啓発する質問を問い続けることが非常に重要となる。

間違いを恐れないこと、そして論理的思考力を啓発する質問を問い続けることは、先述した稲盛氏の姿勢に他ならない。そしてそれらの問いかけを活用していく上で、武器として備えておくべき経営戦略のフレームワークがある。これについては第2部「戦略思考力」で理解を深めてほしい。

ファーストリテイリングのBSを読む

BSの解説の最後に、ファーストリテイリングのBSを図に表しながら、簡単に眺めてみることにしよう。

図表2-8は、BSのあるべき読み方として先に述べた三つの法則のうち、法則1（BSは固まりで読む）と法則2（BSは大きな数値から読む）を意識して図に表したものだ。法則3（仮説を立ててから読む）は次の3章で詳しく見ていくので、ここではカットする。

BSの右側から見ていこう。負債と純資産という二つの大きな固まりのうち、ざっくり六：四で純資産が大きいことが分かる。大きな数値から読むのだから、純資産から読んでいく。純資産の中でもっとも大きいのは、負債・純資産合計の五五・六％に相当する利益剰余金（二一一一億円）だ。PLで見た優れた収益力は過去からずっと継続してきたもので、それが潤沢な利益剰余金として蓄積されていることが分かる。先に紹介したように資

図表 2-8　ファーストリテイリングの貸借対照表（イメージ図）

貸借対照表

2006 年 8 月 31 日

流動資産 65.9%	現預金（有価証券を含む）1471 億円　38.8%	負債 36.7%	支払手形・買掛金 427 億円　11.3%
	棚卸資産 428 億円　11.3%		その他
	その他	純資産 63.3%	利益剰余金 2111 億円　55.6%
固定資産 34.1%	敷金・保証金・建設協力金 499 億円　13.2%		
	その他		その他
総資産合計　3796 億円　100%		負債・純資産合計 3796 億円 100%	

本金は利益剰余金の二〇分の一に満たない一〇二億円だ。

負債の中で総資産の一〇％超を占める項目は、支払手形・買掛金四二七億円だ。これはファーストリテイリングがメーカーから商品を購入したものの、まだその対価を相手に支払っていない、つまり掛けで購買してきた金額に相当する。ファーストリテイリングといえば自らは工場を所有しないものの、SPA（製造小売業）として衣料の企画段階から製造、販売までの機能を垂直統合した企業として有名だ。支払手形・買掛金の相手は、そうした製造委託先や中間に入る商社などだろう。

一方の資産に目を転じると、大きな固まりである流動資産と固定資産では、ざっくり七：三で流動資産が大きい。よって大きな流動資産から読んでいくと、総資産の一〇％を超えている大きな金額は、現預金一四七一億円（三八・八％）と棚卸資産四二八億円（一一・三％）となっている。棚卸資産が多いのは先に述べたSPAであるために、在庫はすべて同社が引き取っていることも影響している。

しかし、棚卸資産の金額は、支払手形・買掛金の金額とちょうど一致している。これは在庫が売れるまでは仕入先に対価を支払わないという構造ができていることを意味する。つまり、在庫が多いことのひとつのデメリットである資金繰りの悪化が起きていない。ファーストリテイリングは、仕入先に対してそれだけの交渉力を保有しているともとれるだろう。

売掛金・受取手形、すなわち顧客へ掛けで販売し、現金の入金を待っている金額が八三億円と非常に少ないのは、現金商売を主体とする小売業界の特徴だ。若干の売掛金・受取手形はクレジットカード会社とのやりとりや、ユニホーム販売などの法人向けが考えられる。

このように、これまで潤沢に稼いできた利益剰余金、ほとんど存在しない売掛金、在庫が売れるまでは仕入先に対価を支払わない構造によって、総資産の三八・八％にも及ぶ現預金が手元にある結果となっている。

では、国内だけでも七〇〇店を超える店舗の開発には、そうした現預金を使ってこなかったのだろうか。固定資産の中でもっとも大きい項目は、建物でも土地でもなく、総資産の一三・二%に相当する敷金・保証金と建設協力金を合わせた五〇〇億円だ。

店舗を開設する際、自前で土地や建物といった不動産を取得すれば、有形固定資産が膨らむ。しかしファーストリテイリングは建物や土地が少ないことから、自社で不動産を保有する形式の店舗展開ではなく、大部分が賃借ベースで行っていることが分かる。これは、不動産相場の変動リスクの回避や、スピード重視の経営に大きく貢献する。よって、建物や土地を購入する代わりに、店舗を借りる際の敷金・保証金や、建設協力金として預託する金額が莫大に発生しているのだ。

こうした一連の背景の結果、ファーストリテイリングのBSの右側に現れる資金調達の五五・六%は利益剰余金で、左側に現れる投資の三八・八%は現預金という、この上ないシンプルなBSとなっている。小売業の業界特性と同社の経営戦略、そして、それが歴史的に成功した結果としてできあがったBSである。

なお、本来であればPL、BSの次に三つ目の決算書としてキャッシュフロー計算書を分析するところだが、本書ではPLとBSに分析を絞り込み、その分この二つを深く、より多くの角度から読んでいくこととする。そこで解説するアプローチは、キャッシュフロー計算書にも汎用的に活用できるはずである。

◉ 2章のまとめ

■ＰＬが一年間の企業活動の「入り」と「出」を並べたビデオテープなら、貸借対照表（ＢＳ）は年度末の真夜中二四時の瞬間写真。このため、ＰＬの冒頭には期間、ＢＳの冒頭には日付が記載される

■ＢＳの右側にはお金の出どころの明細、左側にはそのお金の運用状態が写し出される。左右の情報の意味は異なるが、左右それぞれの合計金額は必ず一致するのでバランスシートと呼ぶ

■ＢＳを読み解く三つの基本法則は、①ＢＳは固まりで読む、②ＢＳは大きな数値から読む、③ＢＳは仮説を立ててから読む（考えてから読む）

■ＢＳの右側で最初に確認したいのは、資本金ではなく利益剰余金。利益剰余金の金額に対して、資本金や借金には反比例の関係が存在しているケースが多い

■間違いを恐れずに論理的な仮説を構築するためのキーとなる質問は、「ＷＨＹ？」、つまり「なぜその数値なのか？」と、「ＳＯ　ＷＨＡＴ？」、つまり「その数値から何が言えるのか？」。こうした論理的思考力を啓

BS のあるべき読み方とダメな見方

	あるべき読み方	ダメな見方
法則１	BS は固まりで読む	いきなり各論から入る
法則２	BS は大きな数値から読む	上から順番に眺める
法則３	BS は仮説を立ててから読む（考えてから読む）	見てから考える

発する質問を問い続けることが、会計を読み解く上で重要

■ファーストリテイリングの例を通してBSを概観した。ユニクロのビジネスを想像しながら、三つの基本法則をいつも意識して、一つひとつの金額と比率を納得しながら読んでいこう

3章

企業名のみから決算書を読み解く 仮説・検証のプロセス

会計力

〈定量分析からのスタート〉

会計数値を理解し読み解く力

- 損益計算書
- 貸借対照表
- キャッシュフロー計算書

論理的思考力

戦略思考力

〈定性分析からのスタート〉

企業活動を理解し考察する力

- 企業が置かれた経営環境
- 業界の特性
- 企業が採用する経営戦略

STEP1 企業を想像する	STEP2 仮説を立てる（決算書をイメージする）	STEP3 仮説を検証する（決算書を読む）

1 ステップ1　企業を想像する

あなたの目の前に今、ある企業の決算書があるとしよう。とある理由があって、その企業の決算書を「読み解く」必要があるのだ。さて、あなたはその決算書のどこから見始めるだろうか……？

ある企業の決算書を読み解こうとしているのであれば、多かれ少なかれ、その企業や業界に関する知識、もっと言えば何らかの利害を持っている、あるいは持つ可能性があるのが通常だ。知識も利害もまったくない企業の分析をすることは、少なくとも仕事の上ではそうはないはずである。であれば、いきなり決算書を上から順番に眺めるのではなく、まずはその企業や業界に関する知識を言葉にすることから始めてみよう。これが、「見てから考えるのではなく、考えてから読む」ことのスタートとなる。ここでは、日本人であれば誰もが比較的容易に想像できるトヨタ自動車を題材にして、「考えてから読む」を一緒に行ってみることとする。

知っていることを言葉にしてみる

ここに、Aさんという人がいる。Aさんはトヨタの株主だ。一年前に友人から株式投資の面白さを聞いたAさんは、さしずめあれこれと考えずに、日本を代表する企業だからという理由でトヨタの株を購入した。このたびAさんの勤める会社で行われた会計研修で学んだことをさっそく生かそうと、トヨタのホームページから決算書を引っ張り出してみた。研修では講師から「見てから考えるのではなく、考えてから読む」と何度も言われたことを思い出し、さっそく実践してみることにした。最初のステップはトヨタ自動車という企業を想像することだ

読者の皆さんもAさんになったつもりで、トヨタのイメージを書き出してみよう。あなたが知っているトヨタを言葉にしてみるのだ。

QUIZ ①

例にならって、トヨタ自動車について知っていることを何でもよいので五個以上書き出してみてください。できれば、それが決算書にどのように現われるのかをイメージしてみてください。ここで大切なのは、質や正確性ではなく量です。（制限時間　一五分）

（例）「トヨタっていうと『カンバン方式』だよな。製造プロセスがどこよりも効率化されているのだな」

Aさんは、以下のような点をノートに走り書きした。

①「トヨタのグループ力って強大だろうな」

②「シェアはもちろん日本一。たしか、グループ全体の国内シェアは四〇%を軽く超えているはず」

③「〝トヨタ銀行〟なんていうくらいだから、きっと現金をたくさん持っているんだろうな」

④「顧客との関係を考えてみると、自動車って普通みんな長期のローンで買うよな。ということは、あれ、そういうのは決算書にどこか出てくるんだっけ」

⑤「トヨタっていうと『カンバン方式』だよな。製造プロセスがどこよりも効率化されているのだな」

⑥「製造業だから、やっぱり設備投資の額はすごいのだろうな」

⑦「原材料を作っている会社との力関係からいったら、トヨタのほうがきっと強いだろうから、仕入れ代金の支払いは遅いのかな」

⑧「長年儲かっている会社なんだけど、それってどこで見られるのかな」

⑨「儲かっているということは、銀行とか株主からの新たなお金の調達なんて必要ない

のだろうな」

⑩「自動車業界って、完全にグローバルな競争環境にあるよな。きっと利益率も欧米の会社に負けないくらい優れているのだろうな」

⑪「そういえばこの間の日本経済新聞に、二〇〇七年の世界生産・販売台数で、ついにトヨタがGMを抜いて世界一になる可能性大、って書いてあったな」

さて、あなたはトヨタ自動車に関して、いくつのイメージを具体的な言葉にできただろうか。ここで大事なことは、正解を追求することではない。次につながる仮説構築のステップのために、企業や業界に関して自分が知っている情報やイメージを言葉にしているにすぎない。新聞・雑誌や企業のホームページから、最近のトヨタや業界の動向に関する情報を収集するのも有効だろう。企業の想像（ステップ1）が終わったあなたは、もっとも重要となる仮説構築のステップに進む。

STEP1
企業を想像する

STEP2
仮説を立てる（決算書をイメージする）

STEP3
仮説を検証する（決算書を読む）

2 ステップ2 仮説を立てる（決算書をイメージする）

決算書を見る前に決算書をイメージする

「仮説」とは、ステップ1で抽出した企業の特性が、具体的にどのように決算書に現れているのか、その仮の結論（＝仮説）を立てることだ。

ちょっと回りくどいアプローチに思えるかもしれない。しかし、なぜ仮説を立てることが大切なのだろうか。それはたとえてみると、顧客先に訪問してから何を話そうか思案している営業担当者と、事前に顧客のニーズを予測し、どういった会話になるかの仮説を踏まえ、どのようなアプローチで提案するかを考えてから顧客との打ち合わせに臨む営業担当者との違いといえる。

後者のほうがアウトプットの質、つまり契約の成約率が高いのは明らかだ。なぜなら、前者の営業担当者が顧客先でしていることを、後者の営業は、仮説ベースではあっても事前にじっくりとシミュレーションできているからである。当日の打ち合わせがシミュレーションどおりに運べばＯＫ。うまく運ばない場合でも、自分の仮説と顧客の実際のニーズのどこにズレが合ったのかが明確に認識できるため、その後の軌道修正も早い。行き当たりばったりの前者の営業では、御用聞きにはなれても、要求の厳しい顧客であれば、提案力のない営業として門前払いだろう。スタート地点が異なれば、ゴール地点も大きく異なるのが競争のルールだ。

決算書を読む前に仮説を立てることは、決算書の数値を実際に見る時点で数値の結果がある程度予測できていることを意味する。数値を見てから慌てふためくのではなく、決算書を見る際には、既に決算書の姿がイメージされており、これを検証していくプロセスが最終的なゴールとなる。慣れるまでの訓練は必要だが、慣れていけば快適なプロセスとなる。どんな仕事でも頭ではなく訓練によって学んでいくように、決算書を読む力もまた、場数をこなす訓練は不可欠だ。

さて、トヨタに関するイメージをステップ1で構築したAさんは、会計研修の場で講師から矢継ぎ早に質問された問答を思い出してみた。Aさんが立てたトヨタのイメージについて、講師はおそらくこんなことを突っ込んでくるのではないかな、と想像しながら仮説を立ててみることにした。なお、ここではトヨタの自動車事業にフォーカスして分析する目的から、トヨタの連結ではなく単体決算書に関する分析を進めていく。住宅事業や金融事業もある子会社を結合した姿ではなく、自動車事業中心に単体ということだ。

また、「WHY?」と「SO WHAT?」について、講師である私が問いかけたり、Aさんがそれについて考え答えたりしている様子を明確にするため、白抜き文字で挿入している。決算書を読む際にどのような質問を自身に問いかけながら読み進めるのがよいかの参考にしてほしい。

①「トヨタのグループ力って強大だろうな」

大津　グループ力って何だい？　抽象的な言葉はなるべく具体的な言葉にすると、物事がもっとはっきり見えてくるよ。グループ力があると何がいいの？　SO WHAT?

Aさん　えーっと、たとえばグループの他の自動車会社と部品が共通化されていれば一緒に調達できるから、大量購入の分だけ仕入コストが抑えられるはず。仕入先の中にはトヨタのグループ企業も多いので、取引上での便益も多いはずです。

大津　なるほど。では、その便益は決算書にどうやって現れるんだろう？　SO WHAT?

Aさん　原材料の仕入コストが抑えられれば原価が下がるから、売上高総利益率が高く〈仮説1〉なります。

大津　高いというと、具体的にどれくらいかな？

Aさん　製造業の平均値がおおむね二〇～三〇％ということでしたよね。トヨタは原価低減で有名だし、それにレクサスのような粗利の高そうな高級車もあるので、その上限を取って、売上高総利益率が三〇％〈仮説1〉くらいはあるんじゃないでしょうか。

大津　了解。ただし、利益率の低そうな小型車もトヨタには多いけどね。ところで、そのグループ力って、いったいどうやって維持するものなの？　口約束？

Aさん　いいえ、きっとトヨタはグループ企業の株式を多数保有していて、資本関係があるはずです。ああそうか、ということはトヨタの貸借対照表（BS）には、そうしたグループ企業の株式がたくさんある〈仮説2〉はずですね。

大津　そういうことになるね。ところでトヨタの子会社の株式が、トヨタのBSに計上されることは問題ないの？

Aさん　今回は単体で見るんだから、えーっと……。

大津　連結BSを見ているのであれば、親会社と子会社は合算された状態なので、親会社が保有する子会社の株は資産として計上されないね。今回は単体BSを見ているので、親会社の持ち物として、子会社の株式もBS上に計上されることになるよ。

②「シェアはもちろん日本一。たしかグループ全体の国内シェアは四〇％を軽く超えているはず」

大津　シェアが高いと、何かいいことがあるの？　SO WHAT?　世の中にはシェアは小さくても、良い会社はたくさんあるよね。

Aさん 「規模の経済」じゃないでしょうか。たとえば自動車を一台作るためには、プレス加工から始まって製品になるまで、一通りの設備は持たなくてはいけないでしょう。せっかく設備があっても生産台数が少なければ宝の持ち腐れになってしまうから。

大津 仮に同じ設備を持っている二つの会社があれば、確かに生産台数が多いほうが設備の稼働率は高いね。設備の稼働率が高いということは……? SO WHAT?

Aさん やっぱり、売上高総利益率の高さ〈仮説1〉に結びつきます。なぜなら、工場の設備の費用は売上原価に組み入れられますから。

大津 その費用は何というんだっけ?

Aさん 減価償却費です。建物や機械への設備投資は、決められた年数で割って毎年の減価償却費という費用になって売上原価に計上されるんですね。

大津 そう、そして毎年の減価償却費は生産台数で割って一台当たりの費用として割り振られるから、生産台数が多いほうが一台当たりの減価償却費の負担が抑えられる、つまり原価率が下がって総利益率が上がるというわけだ。他にも規模の経済が効いてくるところってあるのかな? SO WHAT?

Aさん 設備と一緒で規模の大小にかかわらず一定の水準で持たなくてはいけないものであれば、規模の経済のメリットを受けられると思います。たとえば営業の人件費、販売チャネル、広告宣伝費、物流費……。販管費に出てくる多くの費用がそうかもしれません。ということは、売上に対する販管費の比率が低くなる〈仮説3〉ということでしょうか。

③「〝トヨタ銀行〟なんていうくらいだから、きっと現金をたくさん持っているんだろうな」

大津　じゃあ、現金をたくさん持っているか、後で見てみましょう。ところで、多い・少ないという判断は「何に対して」という対象がはっきりしないと判断を誤ることになります。業界他社と比べるのもひとつだけど、自社の決算書の中だったら何と比べる？

Aさん　うーん、難しいなあ。現金はBSの資産の部の最初に出てくるものだから、さしずめ総資産の数値に比較してでしょうか。

大津　それも間違いではないけど、総資産だと、たとえば設備が多いか少ないかという別の要素にも影響されてしまうよね。儲かった結果としての現金の保有、あるいは売上を上げるための原資となる現金なのだから、売上高と比較して現金が多いかどうかを見てみるのもひとつだよ。それから、この場合、現金と実質的に同等と考えられる有価証券も含めて考えると、トヨタの現預金が多いかどうかがよりクリアに見えてくる。つまり、手元の現金・預金と有価証券の合計額が、売上に対して大きな割合を占めている〈仮説4〉ということだね。

④「顧客との関係を考えてみると、自動車って普通みんな長期のローンで買うよな。ということは、あれ、そういうのは決算書にどこか出てくるんだっけ」
大津　つまり、顧客に掛けで売っているということ？ SO WHAT?
Aさん　あっ、そうか。掛けということは売掛金として出てくるのですね。ということは、売掛金が多いと。
大津　車を販売した日から数えて、だいたい何年くらいですべての現金が回収できていると思う？
Aさん　実は私、去年トヨタ車を買ったのですが、四年のローンを組みました。四年をかけてローンの元本が少しずつ減っていくのだから、平均ローン期間は二年といったところでしょうか。私が世の中の平均だと信じて、「売上×二年」に相当する莫大な売掛金がある〈仮説5〉としてみます。
⑤「トヨタっていうと『カンバン方式』だよな。製造プロセスがどこよりも効率化されているのだな」
Aさん　つまり在庫が少ないということ。SO WHAT? 原材料を仕入れてから製造して販売するまでの期間が短いはずです。ジャスト・イン・タイムで、どれくらいだろ

う……。それでも車を作るのには、それなりの時間がかかるだろうから……。原材料から製品まで一カ月内〈仮説6〉かな？

大津　その調子。そうやって具体的な仮説を自ら立てることが大事なんだ。後で実際の決算書を見る際、その仮説と異なる数値が出てくれば、そのズレはどこからくるのだろうと、すでに一歩先の思考が始まるからね。

⑥「製造業だから、やっぱり設備投資の額はすごいのだろうな」

大津　これはどう決算書に現われるの？　SO WHAT?

Aさん　これはストレートに設備が多いということではないでしょうか。

大津　主な設備を具体的に言うと？

Aさん　建物、機械、それに土地ですね。そうした設備への投資が大きな金額〈仮説7〉として現れているはずです。

大津　多い・少ないは何と比べて？

Aさん　ああ、さっきの現金と一緒ですね。売上と比べるのがよいと思います。

⑦「原材料を作っている会社との力関係からいったらトヨタのほうがきっと強いだろうから、仕入れ代金の支払いは遅いのかな」

Aさん　買掛金や支払手形といった仕入債務がけっこう多いのではないでしょうか。

大津　多いというと、具体的にどれくらい？

Aさん　たとえば毎月の仕入高を月末で締めて、三カ月後くらいにようやく支払っているとすると、支払いまでの期間が九〇日くらい〈仮説8〉ですね。

大津　確かにそうだけど、三カ月っていうのはどこから持ってきた数値？　WHY？

Aさん　ウチの業界もやっぱりメーカーの力が強いので、慣例でどの会社も原料メーカーに対して、だいたい末締めの三カ月後の月末払いなんですよ。トヨタの力からしたら、それくらいの期間は最低でも支払わないんじゃないかと。

⑧「長年儲かっている会社なんだけど、それってどこで見られるのかな」

大津　トヨタの二〇〇七年三月期単体決算の最終純利益は、実は一兆円を超えていたのだけど、その利益は翌年度に入ると、いったいどこへ行ってしまうの？

Aさん　そこから配当などが支払われて、残りは利益剰余金に貯まっていきます。ああそうか、つまり利益はどんどん利益剰余金に積まれていくわけだから、利益剰余金が大きい〈仮説9〉のかどうかを見ればよいです。

⑨「儲かっているということは、銀行とか株主からの新たなお金の調達なんて必要ない

のだろうな」

大津　この仮説の意味はどういうこと？

Aさん　儲かっていて、かつ、その儲けの使い道となりそうな大きな投資がなければ、必然的に現金が貯まっていくことになりますよね。ということは銀行とか株主から新たなお金をもらうまでもなく、自分で稼いだ利益を事業活動の元手にして十分に会社が回っていると考えたわけです。

大津　では、トヨタはもうそんなには投資をしていないと？　なぜそう考えるの？

WHY?

Aさん　実はそこは悩んだんですよ。投資しても使いきれないくらい儲かっているのか、儲かっていても、やっぱり投資規模はそれを上回るくらい大きいのか。ただ、さっきも言った〝トヨタ銀行〟という言葉を思い出して、使いきれないほどに儲かった結果の莫大な現金保有と考え、前者にしました。つまり、借金は少なく〈仮説10〉、株式による新規の資金調達も少ない、つまり利益剰余金に比べれば資本金の額が少ない〈仮説11〉と。

⑩「自動車業界って、完全にグローバルな競争環境にあるよな。きっと利益率も欧米に負けないくらい優れているのだろうな」

大津　欧米に負けない利益率って、いったいどれくらいなのだろう？

Aさん　確か、国内での優良企業のベンチマークは、売上高営業利益率や売上高経常利益率が一〇％〈仮説12〉ということでしたよね。

大津　業種によって一概には言えないけど、国内ではひとつの目標数値だね。ただし欧米では、大手の優良企業で二〇％という数値も決して珍しくはないよ。

⑪「そういえば、この間の日本経済新聞に、二〇〇七年の世界生産・販売台数で、ついにトヨタがGMを抜いて世界一になる可能性大、って書いてあったな」

大津　ここから言えることは？　SO WHAT?

Aさん　トヨタの株を今後も持ち続けるかどうかを判断するにあたって、トヨタの成長力も見たいと思っていました。もうすぐ世界シェア一位になろうというのは、トヨタが成長し続けているからなのか、他が下がってきたからなのかを見極めたいと思います。新聞報道からすると、たぶん両方なのだと思うのですが、とりあえずここ数年間、トヨタの売上や利益は順調に成長している〈仮説13〉という仮説を立ててみます。

Aさんは、自分が持っているトヨタのイメージが正しければ、決算書にはどのように数値として現れるかを具体的に考え、十三の仮説を打ち立てた。今あなたが関心のある企業について、決算書に関する十三もの仮説をそう簡単に立てることはできないかもしれない。

図表 3-1　A さんが立てたトヨタ自動車の損益計算書に関する仮説

損益計算書	仮説
Ⅰ 売上高	売上・利益は成長しているか？　〈仮説 13〉 ⇒ 売上、利益ともに順調に成長
Ⅱ 売上原価（△） **売上総利益**	粗利は高いか？　〈仮説 1〉 ⇒ 原価低減、規模の経済、高級車などによって、総利益率 30%を確保
Ⅲ 販売費及び一般管理費（△） **営業利益**	販管費は多いか？　〈仮説 3〉 ⇒ 規模の経済によって、相対的に低い
Ⅳ 営業外収益 Ⅴ 営業外費用（△） **経常利益**	
Ⅵ 特別利益 Ⅶ 特別損失（△） **税引前当期純利益**	利益率は良好か？　〈仮説 12〉 ⇒ 国内優良企業のベンチマークとなる営業利益率、経常利益率で 10%を達成
法人税、住民税及び事業税（△） **当期純利益**	

図表 3-2　A さんが立てたトヨタ自動車の貸借対照表に関する仮説

流動資産	現金は多いか？　〈仮説 4〉 ⇒「トヨタ銀行」だから多額に保有 売掛の回収は早いか？　〈仮説 5〉 ⇒ 自動車はローン販売だから、売上の 2 年相当分を保有 在庫の量は多いか？　〈仮説 6〉 ⇒「カンバン方式」だから製造から販売まで 1 カ月内	負債	買掛の支払いは早いか？〈仮説 8〉 ⇒ トヨタの強さから、購買から支払いまでの期間は 3 カ月 借金は多いか？　〈仮説 10〉 ⇒ 自分が稼ぐ利益で十分に事業が回っているから、借金は少ない
固定資産	設備の規模は莫大か？　〈仮説 7〉 ⇒ 製造業だから、多額に保有 株式や債券の保有は多いか？　〈仮説 2〉 ⇒ グループ企業の株式を多額に保有	純資産	資本金は多いか？　〈仮説 11〉 ⇒ 自分が稼ぐ利益で十分に事業が回っているから、資本金は少ない 利益剰余金は多いか？　〈仮説 9〉 ⇒ 過去にずっと稼いできた企業なので、利益の蓄積は莫大

しかし、まず考えること、そして現時点でできる最善の結論（＝仮説）を打ち立てることを放棄しては、何ら進歩はない。Aさんを見習って、事業を大いに想像し、決算書の仮説を立てていこう。

お気づきのように、決算書そのものはこのステップ2まで一切見ないで進めてきた。決算書はまったく見なくても、トヨタの決算書があなたの目の前に少しずつイメージとして浮かび上がってきているだろうか。

ここで、Aさんが立てた十三の仮説を決算書に当てはめながら、あらためてイメージしてみよう。すると、図表3-1、図表3-2のような姿が浮かび上がってくる。ちなみに、この十三のポイントはどのような企業を分析する上でも、最低限考察しなくてはいけない事項となる。慣れるまでは十三のポイントを、仮説を構築するための問いかけのフレームワークとして活用しながら、ステップ1～ステップ2を行うのもよいだろう。

STEP1	STEP2	STEP3
企業を想像する	仮説を立てる（決算書をイメージする）	仮説を検証する（決算書を読む）

3 ステップ3　仮説を検証する（決算書を読む）

いよいよここから、実際のトヨタ自動車の決算書を見ていくこととしよう。図表3-3と3-4に二〇〇七年三月期のトヨタ自動車のBSとPLを示す。Aさんが立てた十三の仮説について、あなたは自分の力でどこまで検証することができるだろうか。よく見ると、Aさんがすばらしい仮説を立てたところもあれば、まったく見当はずれの箇所もあるようだ。Aさんになったつもりで仮説を検証してみよう。

QUIZ ②

Aさんがトヨタ自動車の決算書について立てた十二の仮説（成長性に関する仮説13を除く）を検証してください。もし仮説が正しくなかった場合、Aさんのロジックにはどのような誤りがあったのかまで考えてください（制限時間は仮説ひとつにつき二分＝二四分）

ここから、実際に十三の仮説の検証に入っていくことになるが、その前に三つの準備作業がある。料理を食べ始める前には手を洗い、席に着き、ナプキンをかけ、箸やフォークを手に取り、「いただきます」を言ってから食事に手をつけるのと一緒で、これらは決算書の分析を始める前に必ずしてほしい基本動作だ。

トヨタ自動車の2007年3月期　単体貸借対照表

(2007年3月31日)			(2007年3月31日)	
金額(百万円)	構成比(%)	区分	金額(百万円)	構成比(%)
		(負債の部)		
		Ⅰ 流動負債		
182,855		支払手形及び買掛金	1,036,668	
1,254,098		1年内償還の社債	150,000	
1,011,348		未払金	467,229	
		未払費用	331,281	
126,793		流動負債合計	2,730,572	25.6
46,001				
97,592		Ⅱ 固定負債		
8,113		社債	350,000	
541,452		退職給付引当金	283,032	
4,116,670	38.6	固定負債合計	779,993	7.3
		負債合計	3,510,565	32.9
455,360		(純資産の部)		
352,124		Ⅰ 株主資本		
385,450		資本金	397,049	3.7
1,358,160	12.7	資本剰余金	417,378	3.9
		利益剰余金	7,335,143	68.8
2,595,932		自己株式	△1,555,847	△14.5
1,974,239		株主資本合計	6,593,724	61.9
473,766		Ⅱ 評価・換算差額等	555,708	5.2
5,186,338	48.7	Ⅲ 新株予約権	1,171	0.0
6,544,498	61.4	純資産合計	7,150,603	67.1
10,661,169	100.0	負債純資産合計	10,661,169	100.0

図表 3-4　トヨタ自動車の 2007 年 3 月期単体損益計算書

区分	自 2006 年 4 月 1 日 至 2007 年 3 月 31 日 金額（百万円）		百分比（%）
Ⅰ 売上高		11,571,834	100.0
Ⅱ 売上原価		9,233,135	79.8
売上総利益		2,338,698	20.2
Ⅲ 販売費及び一般管理費		1,187,776	10.3
運賃諸掛費		264,467	
販売諸費		198,877	
広告宣伝費		105,412	
製品保証引当金繰入		217,871	
給料賃金・諸手当		156,375	
営業利益		1,150,921	9.9
Ⅳ 営業外収益			
受取利息	34,045		
受取配当金	311,830	473,937	4.1
Ⅴ 営業外費用			
支払利息	11,159	69,665	0.6
経常利益		1,555,193	13.4
税引前当期純利益		1,555,193	13.4
法人税、住民税及び事業税	474,600		
法人税等調整額	20,483	495,083	4.2
当期純利益		1,060,109	9.2

図表 3-3

区分
（資産の部）
Ⅰ 流動資産
現金及び預金
売掛金
有価証券
商品・製品
原材料
仕掛品
貯蔵品
短期貸付金
流動資産合計
Ⅱ 固定資産
(1) 有形固定資産
建物及び構築物
機械装置及び車両運搬具
土地
有形固定資産合計
(2) 投資その他の資産
投資有価証券
関係会社株式・出資金
長期貸付金
投資その他の資産合計
固定資産合計
資産合計

①日付を確認する――PLは期間、BSは決算日の日付が記されている。熱心に分析した後で、実は五年も前の決算書だったなどということのないように、日付を最初に確認しよう

②単体決算書か連結決算書か――単体決算書はトヨタ自動車のみを表す一方、連結決算書はトヨタ自動車とそのグループ企業を合算したものだ。合算の仕方は図表3-5に整理したルールに従う。実際には、これより細かな取り決めや例外も多いので、興味のある読者は関連書籍やネットで調べてみよう。

企業はグループ全体として評価されるべきであり、新聞記事での売上や利益も大部分が連結決算書について記述されている。株式市場における企業の評価も、あくまで連結決算書に対するものだ。

ただし、本章ではトヨタの自動車事業にフォーカスして分析を進めるため、あえて単体決算書を用いている。連結決算書のトヨタは、自動車ローンの実行、車両リースやディーラーへの貸し付け業務をおこなう金融事業が大きく合算されるため、ここで分析するトヨタとはかなり異なる姿となる。連結決算書を巻末の付録Ⅱ（↓二五二ページ）に掲載するので、本章を読んだ後で単体と連結の違いを比較してみてほしい。もちろん、「見てから考える」のではなく、「考えてから読む」ことを忘れずに。

図表3-5　グループ企業を連結するルール

対象会社の議決権株式に対する株式保有比率	対象会社の呼び方	連結時の処理方法	処理の概要	トヨタ自動車の主な対象会社（カッコ内は2007年3月期現在の議決権所有割合）
1. 50％＜株式保有 2. 40％≦株式保有≦50％で、財務および事業の方針の決定を支配していると認められる一定の事実がある	子会社	連結法	親子間の取引を除いて、PL、BSすべてを合算する	・日野自動車（50.45） ・ダイハツ工業（51.61） ・トヨタファイナンス（100） ・トヨタホーム（100）
1. 20％≦株式保有≦50％ 2. 15％≦株式保有＜20％で、財務および事業の方針の決定に対して重要な影響を与えることができると認められる一定の事実がある	関連会社	持分法	関連会社に対する持分比率に応じた利益（損失）を営業外に収益（費用）として計上	・デンソー（24.93） ・アイシン精機（23.14） ・豊田自動織機（24.81） ・豊田通商（22.19）
1. 株式保有＜20％ 2. 財務および事業の方針の決定に対して特に重要な影響を与えない	なし	なし	年度末にBS上で保有額を時価評価	・KDDI（11.09） ・富士重工業（8.69） ・いすゞ自動車（5.89）

③単位はいくらか――決算書により、一〇〇〇円、一〇〇万円、億円といったように単位が異なる場合があるので注意が必要だ。ビジネスパーソンであれば、数百億円や数億円といった単位を聞けば、それぞれのおおよその土地勘を持っているのが通常だろう。その土地勘をそのまま活かして企業の規模感をつかんでいこう。

では、Aさんが立てた十三の仮説の検証に入っていく。ここも、講師とのインタラクティブなやりとりを通して、Aさんが仮説を検証するプロセスを示す。読者の皆さんもAさんになったつもりで、トヨタのPLとBSのページを適宜振り返りながら、一つひとつの論点をしっかり納得して読み進めてほしい。なお、①～⑬までの仮説検証の際に参照する数値を指し示した決算書を図表3-6に示す。

〈仮説①〉 売上高総利益率は三〇％

大津　トヨタの粗利は二〇・二％。のっけから仮説が外れたね。

Aさん　すみません。

大津　いやいや、謝らなくていいんだよ。「間違いを恐れずに」と言っている張本人は私ですから。グループ調達、原価低減、規模の経済、高級車による利益率の押し上げなど、Aさんが出した理由は、どれも粗利が大きくなるロジックとしては立派なものだったしね。

Aさん　それでも総利益率二〇・二％というのは、どう解釈したらよいのでしょう？

SO WHAT?

大津　製造業の平均となる二〇～三〇％と比較すれば、低い水準ですよね。製造にかかるコストの上に、二割の利益を乗せた値段で車を販売しているということ。単純な話だけど、それだけ自動車業界は競争が激しいということでしょう。国内だけでもホンダ、日産と、日本を代表する優良企業がいるわけだし、海外に行けば欧州勢やアジア勢とも競争が激化している。それに、国内の自動車販売台数は年々減少しているよう

図表 3-6　仮説検証時の参照箇所（PL）

【トヨタ自動車　単体損益計算書】

	自2006年4月1日 至2007年3月31日		
区　分	金額（百万円）		百分比（%）
Ⅰ 売上高		11,571,834	100.0
Ⅱ 売上原価		9,233,135	79.8
売上総利益		2,338,698	20.2
Ⅲ 販売費及び一般管理費		1,187,776	10.3
運賃諸掛費		264,467	
販売諸費		198,877	
広告宣伝費		105,412	
製品保証引当金繰入		217,871	
給料賃金・諸手当		156,375	
営業利益		1,150,921	9.9
Ⅳ 営業外収益			
受取利息	34,045		
受取配当金	311,830	473,937	4.1
Ⅴ 営業外費用			
支払利息	11,159	69,665	0.6
経常利益		1,555,193	13.4
税引前当期純利益		1,555,193	13.4
法人税、住民税及び事業税	474,600		
法人税等調整額	20,483	495,083	4.2
当期純利益		1,060,109	9.2

①粗利は 20.2%

③販管費は 10.3%

⑫営業利益率、経常利益率で 10% を達成

（2007 年 3 月 31 日）

区　分	金額（百万円）	構成比（%）
（負債の部）		
Ⅰ 流動負債		
支払手形及び買掛金	1,036,668	
内償還の社債	150,000	
未払金	467,229	
未払費用	331,281	
流動負債合計	2,730,572	25.6
Ⅱ 固定負債		
社債	350,000	
退職給付引当金	283,032	
固定負債合計	779,993	7.3
負債合計	3,510,565	32.9
（純資産の部）		
Ⅰ 株主資本		
資本金	397,049	3.7
資本剰余金	417,378	3.9
利益剰余金	7,335,143	68.8
自己株式	△1,555,847	△14.5
株主資本合計	6,593,724	61.9
Ⅱ 評価・換算差 額等	555,708	5.2
Ⅲ 新株予約権	1,171	0.0
純資産合計	7,150,603	67.1
負債純資産合計	10,661,169	100.0

⑧買掛金は売上の 9%

⑩社債合計は 5000 億円

⑨利益剰余金は負債・純資産合計の 68.8%

⑪資本金 3970 億円は利益剰余金の 5.4%

図表 3-7　仮説検証時の参照箇所（BS）

【トヨタ自動車　単体貸借対照表】

	（2007年3月31日）	
区　分	金額（百万円）	構成比（%）
（資産の部）		
Ⅰ 流動資産		
現金及び預金	182,855	
売掛金	1,254,098	
有価証券	1,011,348	
商品・製品	126,793	
原材料	46,001	
仕掛品	97,592	
貯蔵品	8,113	
短期貸付金	541,452	
流動資産合計	4,116,670	38.6
Ⅱ 固定資産		
(1) 有形固定資産		
建物及び構築物	455,360	
機械装置及び車両運搬具	352,124	
土地	385,450	
有形固定資産合計	1,358,160	12.7
(2) 投資その他の資産		
投資有価証券	2,595,932	
関係会社株式・出資金	1,974,239	
長期貸付金	473,766	
投資その他の資産合計	5,186,338	48.7
固定資産合計	6,544,498	61.4
資産合計	10,661,169	100.0

④実質的な現金は2兆7000億円超

⑤売掛金は売上の10%強

⑥在庫の合計は売上の2.4%

⑦有形固定資産は売上の10%強

②グループ企業への投資は2兆円近い

に、自動車産業はもはや成熟業界とも見える。

Aさん　価格設定において、それだけ顧客側が主導権を握っているということですね。

大津　それでも粗利二兆三〇〇〇億円という金額を見ると、やっぱりトヨタの稼ぐ力はすごい！の一言に尽きるね。相当規模の大企業の売上とトヨタの粗利は同じというわけだから。

〈仮説②〉グループ企業の株式を多額に保有

Aさん　これは当たりでしたね。関係会社株式・出資金が一兆九七四二億円と、二兆円近い数値です。子会社と関連会社を合わせて関係会社と呼ぶんでしたよね。総資産の一八・五%と、実に巨大な保有額です。

大津　そうだね。現在の会計制度では、保有する株式は時価評価するのが原則なのだけど、グループ企業の株式は時価評価しないんだ。売却を前提としないから、時価で評価する必要はないという考え方。だから、トヨタが保有するグループ企業の株式の価値は、実際ははるかに大きいだろうね。

Aさん　トヨタはデンソー株の二五%を保有しているということでしたから、デンソー株だけ時価評価しても、大変な金額になりそうですね。

〈仮説③〉売上高販管費比率が低い　SO WHAT?

大津　これはどうだろう？

Aさん　売上のたった一〇・三％ということだから、やはり低いといえるのではないでしょうか。

大津　そうだね。製造業の粗利の一般的な水準が二〇〜三〇％とすると、優良企業のベンチマークとなる売上高営業利益率一〇％を達成するためには、販管費は売上の一〇〜二〇％しか使えないからね。その下限の一〇％は低いといっていいだろうね。

Aさん　はい、ただ販管費の中身を見て驚きました。運搬に二六四四億円、製品保証に二一七八億円、販売リベートに一九八八億円、広告宣伝費に一〇五四億円……。どれもケタ違いの数字です。一〇〇〇億円を超える額を広告宣伝に使っている企業なんて、国内に他にあるのでしょうか。

大津　率の話をしているときに金額の大小も考えることは良い着眼点。率ばかりに目を奪われると、規模感を失って縮小均衡に陥りやすいから要注意だよ。一〇〇〇億円超の広告宣伝費はもちろん国内随一だろうね。

Aさん　考えてみれば、トヨタのコマーシャルを見ない日なんてないくらいですね。

大津　うん。ただ売上が一一兆円を超えるトヨタにとっては、売上のわずか一％のインパクトにも満たない。たとえば花王なんて、売上の八％近くを広告宣伝費に使っているわけだから、どちらの企業にとって広告宣伝投資のインパクトが大きいかと問われれば、それは花王と答えるべき。まさしく規模の経済だね。

〈仮説④〉 現金を多額に保有

Aさん 現預金は一八二八億円です。売上の二%にも満たないので、これも仮説がはずれてしまいました。

大津 そうかな。私には莫大な現金を抱えているように見えるけど。現金を見るときは、現預金だけを見ていてはダメだったよね?

Aさん あっ、そうか。流動資産の三番目にある有価証券は実質現金と考えていいのでしたね。そうすると有価証券が一兆〇一一三億円あるから、現預金と合わせて一兆二〇〇〇億円近くになります。

大津 そうそう。短期保有の有価証券といっても、リスクの少ない公社債やコマーシャルペーパーなどの短期の債券で運用しているにすぎないから、実質現金として考えるのが一般的なんだ。それに八番目にある短期貸付金五四一四億円。これはおそらくグループ会社に短期的に融通している資金だから、私だったら、これもトヨタの実質現金として勘定するね。

Aさん なるほど。そうすると一兆七〇〇〇億円を超えてきますね。

大津　もっと言うと、固定資産にある投資有価証券。ここにはグループ企業以外の株式に加えて、一年超の間満期のこない日本国債などの債券もかなり入っているはず。これらの多くは単に長期で運用しているだけだから、トヨタの実質現金として考えてもいいだろうね。実はトヨタは国債を九九銘柄・一兆円持ってるんだ。これなども余った資金の運用という意味では、実質現金と考えてもよい。それにしてもトヨタは、日本国家の有数のサポーターだね。

Aさん　そうすると、トヨタの実質的な現金は二兆七〇〇〇億円を超えてきますね。売上一一兆円の四分の一に相当する現金か。やっぱりトヨタ銀行は健在ですね。

〈仮説⑤〉売掛金は売上の二年相当分を保有

大津　売掛金の金額はそんなに莫大かな？

Aさん　いいえ、売掛金一兆二五四〇億円は売上一一兆五七一八億円の一〇％強です。とても二年分、つまり二〇〇％どころではなかったです。

大津　そうだね。売上の一〇％ということは、一年三六五日の一〇％、つまり三六・五日分の売上相当の売掛金しか保有していないことになるよね。トヨタがおおむねいつもこの規模の売掛金を保有しているとすれば、販売から現金の回収まで、平均して三六・五日しかかっていないことになる。「末締めの翌月末受け取り」といったところじゃないかな。

図表 3-8　トヨタ自動車、ディーラー、金融会社、Aさんの関係

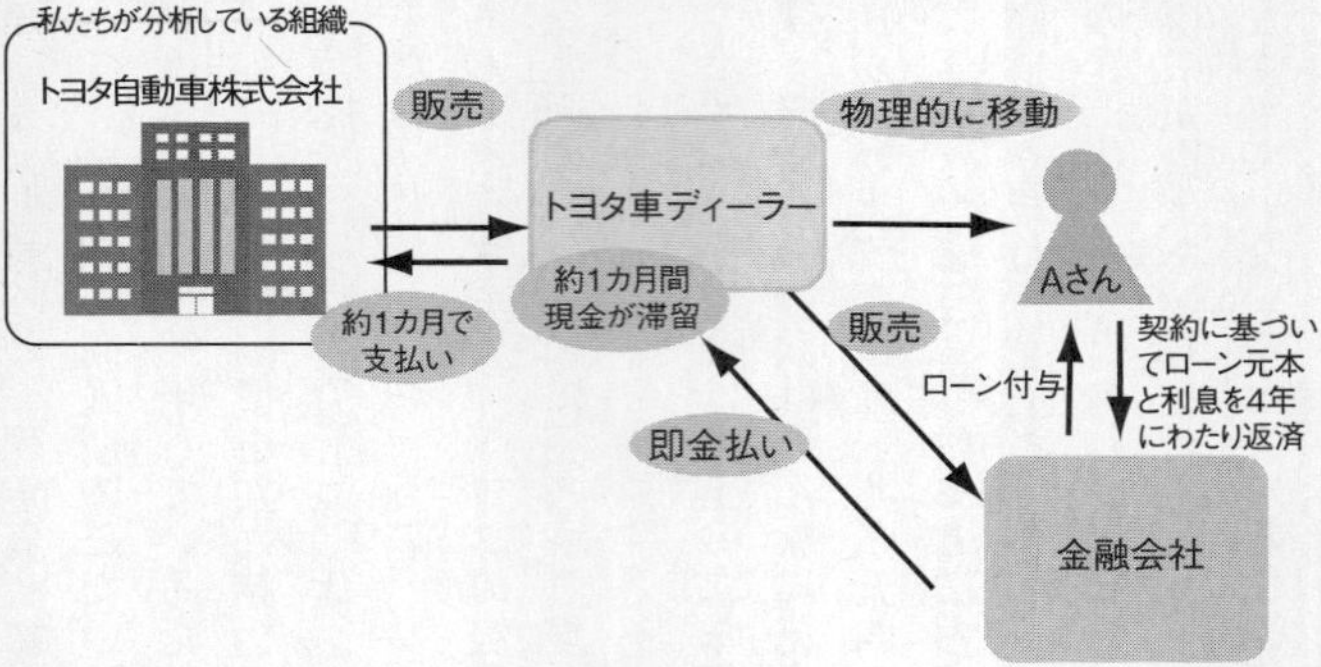

Aさん　そうですよね。でも自動車ローンはいったいどこに行っちゃったんでしょう。WHY?

大津　売掛金を考える際に大切なことは、売っている相手は誰かということ。Aさんはたしか去年トヨタ車を買ったと言ったけど、Aさんに車を売った相手はトヨタ自動車だったの？　それからもうひとつ大切なのは、私たちはトヨタの単体決算書を読んでいるということ。

Aさん　私がトヨタ車を買ったのは、近所にあるトヨタのディーラーでした。ああそうか、謎が解けました。トヨタが車を売っている相手は、私のような個人ではなく、ディーラーなのですね。私が四年のローンを組んでいる相手は金融会社であって、トヨタ自動車ではないですよね。今は単体決算書を見ているから、トヨタグループの金融会社が抱えているローン債権も出てこないんだ。ただ、それにしても末締めの翌月末受け取りとは、トヨタのディーラーは苦しくないんで

しょうか？

大津　ディーラーは現金商売だから、苦しくはないでしょう。WHY?

Aさん　現金商売!?

大津　そう。だって、Aさんに代わって、その金融会社が全額即金でディーラーに現金を支払っているはずだから。金融会社というのは、たとえばトヨタグループならトヨタファイナンスとか。もちろん一般の銀行とか信販会社でも同じこと。図にするとこんな感じかな（図表3-8）。

〈仮説⑥〉製造から販売まで一カ月内

Aさん　想像した以上にトヨタの在庫は少ないですね。在庫に含まれる原材料、仕掛品、商品・製品、貯蔵品をすべて合わせて二七八四億円ですが、売上の二・四%しかありません。三六五日×二・四%で、約九日分の売上相当の在庫ですか。さすが「カンバン方式」ですね。

大津　たしかに「カンバン方式」の効果もあるだろうけど、それにしても短すぎないかい？自動車を作るのに九日しかかかっていないって。WHY?　出てきた数字をうのみにしないで、現実と照らし合わせて妥当かどうか考えてみよう。

Aさん　在庫の中身を見ていると、原材料も仕掛品も商品・製品もすべてが少ないです。そこで思ったのですが、これも単体決算書を見ていることが影響しているのではないで

図表 3-9　トヨタ自動車と原材料メーカー、ディーラーとの関係

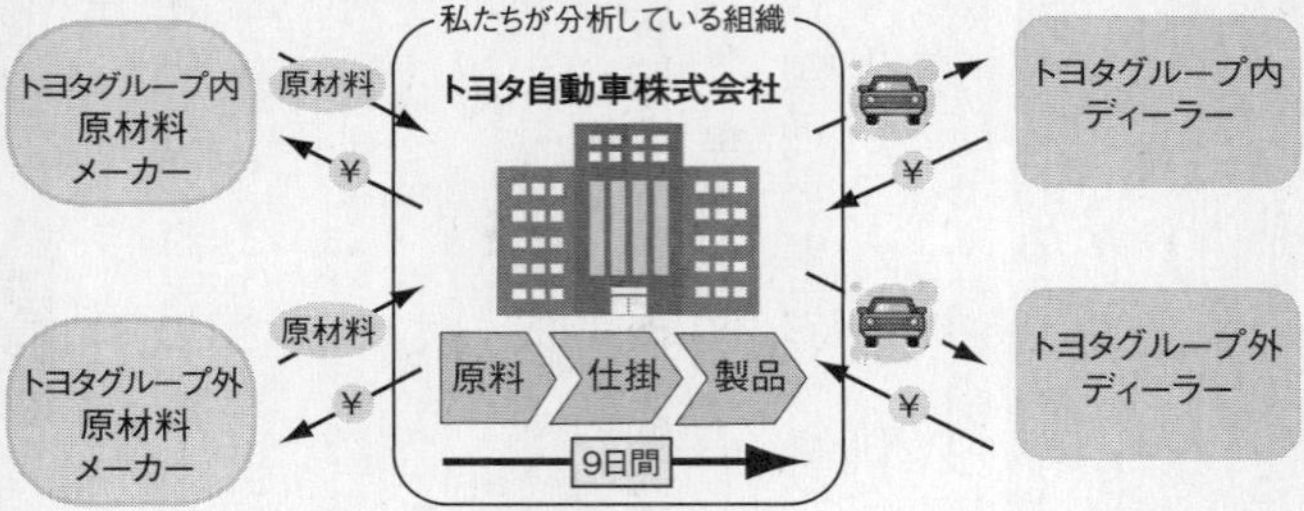

しょうか。つまり、トヨタ自動車が原材料として認識する多くの自動車部品は、グループ企業を含む、同社以外の会社で製造されているはずです。その結果、トヨタが原材料として保有するものは少なくなるし、他社で製造の多くがされている以上、トヨタの中での仕掛品も少なくなるはずです。

大津　いい点に気づいたね。だから、単体か連結かを最初にしっかり確認することの大切さを説いたんだ。では、原材料と仕掛品が少ない理由は解明したとして、商品・製品が少ない理由は？

Aさん　今度は、販売サイドの話です。製造が終わった自動車は、これもまたグループ企業を含む、販売会社に速やかに移動するはずです。製造も販売もジャスト・イン・タイムであればあるほど、トヨタの在庫は原材料、仕掛品、商品・製品のどれもが少なくなっているのだと思います。

大津　図にすると、こんな感じだね（図表3-9）。

〈仮説⑦〉　有形固定資産を多額に保有

大津　これはどうだろう？

Aさん　建物・構築物が四五五三億円、機械装置・車両運搬具が三五二一億円、そして土地が三八五四億円と、どれを取っても、棚卸資産の金額を上回るような大きな額になっています。仮説は正しかったと言ってよいでしょう。

大津　確かにね。でも今の三つを含めた有形固定資産の合計一兆三五八一億円は、売上の一〇％強だね。さっき少ないという結論に至った売掛金と変わらないよ。製造業にしてはむしろ少ないとも言えるんじゃないだろうか。SO WHAT?

Aさん　そういう見方もできるんですね。トヨタの規模の経済がここでも効いているんだなー。でもやっぱり単体しか見ていないので、グループ企業全体の有形固定資産がまったく入っていないことも影響しているんでしょうね。

〈仮説⑧〉　原材料の購買から支払いまで九〇日

大津　これも外れてしまったね。

Aさん　はい、支払手形と買掛金の合計金額は一兆円強なので、売上高の九％程度です。売掛金と同じ、約一カ月ですね。

大津　で、外れた理由は？　WHY?

Aさん　はい、これはここまでのプロセスで解明できました。私は自動車業界はローンが絡むので、お金の流れが非常にゆったりした業界だと先入観を持っていました。でも金融会社が絡むことで、実は典型的な現金商売の業界であることが分かりました。トヨタ自動車は売掛金を約一カ月で回収していますが、それとほぼ同じ条件、つまり「末締めの翌月末払い」で原材料を購買しているのですね。

大津　売掛金と買掛金の金額や受取・支払期間の条件がほぼ等しいことは、たしかに多くの会社に見られるひとつの傾向なんだ。でもトヨタくらいの規模と実力のある企業であれば、原材料メーカーに対する支払いをもう少し渋ったりしないのかね？

Aさん　それは先ほど見たような潤沢な現金を持っている企業なので、あえて渋る必要はないのだと思います。それに部品メーカーの中には、資金繰りがそれほど芳しくないところもあるでしょうから。

大津　部品メーカーからすれば嬉しい限りだけど、トヨタにとってのメリットはあるの？　SO WHAT?

Aさん　トヨタからすれば「早く払うからその分安くして」とすることで、さらなる原価低減に貢献するはずです。

〈仮説⑨〉　利益剰余金は莫大

Aさん　利益剰余金の額は七兆三三五一億円に達しています。トヨタのBS上のすべての数値の中でも、ダントツでもっとも大きい数値です。負債・純資産合計の六八・八％ですから。

大津　今年度の純利益一兆六〇一一億円と比べても、約七年分ということだね。利益剰余金の中から配当などの株主還元をたくさん行ってきたトヨタなのに、まだこれだけの金額がある。トヨタの稼ぎの歴史には驚愕するね。

〈仮説⑩〉　借金は少ない

大津　トヨタは無借金会社？

Aさん　いいえ、流動負債に一年内償還の社債一五〇〇億円、固定負債に社債三五〇〇億円と、合計で五〇〇〇億円の社債がありますので、無借金会社ではないです。ただ、さっき現金は実質二兆七〇〇〇億円保有しているということだったので、返そうと思えばすぐに返せる金額ですね。

大津　確かに。どこかのタイミングで何らかの理由があって社債を発行したのだろうけど、この社債がなくてもトヨタの事業活動には何ら支障はないだろうね。それから、ＰＬの営業外費用で支払利息が一一一億円とある。五〇〇〇億円の社債を保有していて一一一億円の利息を支払っているのだから、金利はだいたい二%だということが読み取れるよ。

Aさん　一一一億円の利息の支払いなどと聞くと、ますますムダな社債に思えてしまいます。

大津　それでも営業利益で一兆一五〇〇億円稼いでいるトヨタにとっては、利息の一一一億円は、営業利益の一〇三分の一にすぎないよ。一〇三年分の支払利息を、たった一年間で稼いでいるということ。それとは別に、配当だけで三一一八億円受け取っている。一年間で支払う利息の二八年分に相当する配当収入。両方を合わせると向こう一三一年は利息負担でつぶれることはないかな。何もかもがケタ違いなトヨタだから、利息の一一一億円は懸念するような金額ではないでしょう。

〈仮説⑪〉　資本金は少ない

大津　トヨタの資本金は三九七〇億円だけど、これは多いの、少ないの？

SO WHAT?

Aさん　普通の企業からすれば多いんでしょうけど、いま話したようにケタ違いなトヨタですから。利益の蓄積である利益剰余金七兆三三五一億円と比べれば、その五・四%にしか相当しない資本金の額は、やはり少ないと評価すべきではないでしょうか。株主から出資してもらった金額とは比較にならないくらいに儲かってきた会社ということですね。

大津　そうだね。ただ、利益剰余金が多い企業は、資本金が必ずしも少ないわけではないんだ。十分儲かっていても、それ以上の投資が必要で、そのために増資を繰り返せば資本金の額は膨らんでいくはず。ここまで見てきたように、トヨタの場合は本業周りの売掛金も在庫も設備も意外と少なかった。一番多い資産が株式や債券であり、現金であった。潤沢な現金が手元にあるくらいだから、利益剰余金を上回るような投資は必要ない会社。結果として、資本金は小さな額のままということだろうね。

〈仮説⑫〉営業利益率、経常利益率で一〇％を達成

Aさん　営業利益率は九・九％、経常利益率では一三・四％を達成しています。今回は単体決算書で見ているので、グループ総合力は、グループ企業からの受取配当金が含まれる経常利益率で評価すべきではないでしょうか。 SO WHAT?

大津　鋭い洞察だね。本来連結PL上の営業利益率で評価するべきだけど、今回は単体ベース。となれば、特にトヨタの場合は優良グループ企業からの配当が莫大だから、経常利益率で評価しようというのは、とてもよい切り口だね。

Aさん　会計がだんだん楽しくなってきました。大津先生ありがとうございます（笑）!!

図表 3-10　トヨタ自動車の売上と各利益の経年推移

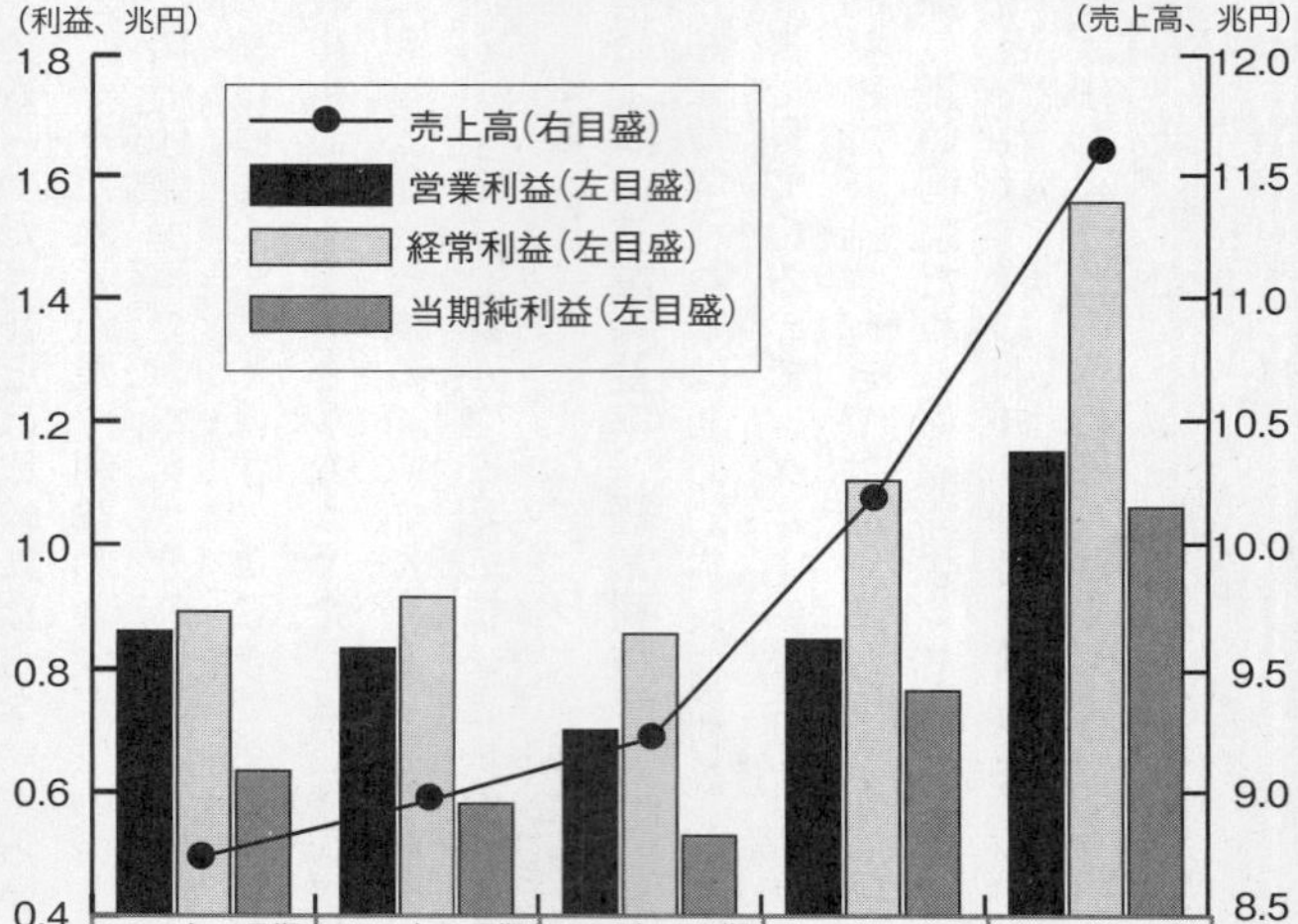

	2003年3月期	2004年3月期	2005年3月期	2006年3月期	2007年3月期
売上高	8,739,310	8,963,712	9,218,386	10,191,838	11,571,834
営業利益	861,323	833,791	701,390	847,998	1,150,921
経常利益	892,676	915,728	856,231	1,104,781	1,555,193
当期純利益	634,059	581,470	529,329	765,961	1,060,109

〈仮説⑬〉売上、利益ともに成長している

大津　これは過年度からの成長を追ってみる必要があるね。過去五年間の単体売上高と各利益をグラフにしたのが図表3-10だ。

Aさん　グラフを見ると、売上は五年間にわたって順調な右肩上がり、利益も二〇〇五年三月期を除いて、おおむね右肩上がりだということが分かります。

大津　連結ベースの数値になるけど、この期間のトヨタの世界販売台数は、二〇〇三年三月期の六二四万台から二〇〇七年三月期の八五二万台まで、年率平均八・一％で増えているんだ。二〇〇七年の両社の世界生産台数予測では、トヨタがGMを二〇万台程度上回っている。これはトヨタの伸びに対して、GMの生産台数が減ってきていることもある。予想通り行けば二〇〇七年にも逆転現象が起きるね。

Aさんと私のやりとりの中でさまざまな数値計算が出てきたが、これらがいわゆる会計指標の分析となる。言葉を平易にするために文中ではあえて指標名を使わなかったが、巻末の付録Ⅱ（→二五二ページ）でトヨタに関するコメントや数値とともにまとめている。さらなる発展学習として、ぜひ活用してほしい。

ここまでのAさんによる仮説⇒検証のプロセスを通して理解を深めたトヨタの決算書をあらためて図にまとめよう（図表3-11、3-12）。

トヨタのBSのイメージをよりはっきりつかむために、縮尺図を描いてみるのもひとつのやり方だ。縮尺図とは、資産合計を一〇〇として、それぞれの項目の大きさを面積で表したものだ。図表3-13に示したように、トヨタ自動車は、莫大な利益を蓄積しているが、その用途の半分近く（四三％）は、グループ会社の株式や債券を含む投資有価証券となっている。また資産の二〇％近くは実質現金として保有されている。

このBSだけ見ていると、トヨタという企業の実態は、持株会社の要素が強いという姿

図表 3-11　トヨタ自動車の損益計算書の要点

Ⅰ 売上高
Ⅱ 売上原価（△）
　売上総利益
Ⅲ 販売費及び一般管理費（△）
　営業利益
Ⅳ 営業外収益
Ⅴ 営業外費用（△）
　経常利益
Ⅵ 特別利益
Ⅶ 特別損失（△）
　税引前当期純利益
　法人税、住民税及び事業税（△）
　当期純利益

売上・利益は成長しているか？
⇒ 売上は順調、利益も 2005 年 3 月期を除いて、おおむね右肩上がり

粗利は高いか？
⇒ 競争激しく 20.2%

販管費は多いか？
⇒ 規模の経済によって、相対的に低い

利益率は良好か？
⇒ 営業利益率でほぼ 10%達成、単体ベースで特に注目したい経常利益率 10%を達成

図表 3-12　トヨタ自動車の貸借対照表の要点

流動資産

現金は多いか？
⇒ 実質現金は2兆円超（長期含む）

売掛の回収は早いか？
⇒ 約 1 カ月で販社から早期回収

在庫の量は多いか？
⇒ 単体ベースのみの在庫なので、売上の 9 日分程度

固定資産

設備の規模は莫大か？
⇒ 売上の 10%程度に効率化

株式や債券の保有は多いか？
⇒ グループ企業の株式を多額に保有

負債

買掛の支払いは早いか？
⇒ 売掛金と合わせる形で約 1 カ月で支払い

借金は多いか？
⇒ 自分が稼ぐ利益で十分に事業が回っているから、借金は少ない

純資産

資本金は多いか？
⇒ 自分が稼ぐ利益で十分に事業が回っているから、資本金は少ない

利益剰余金は多いか？
⇒ 過去にずっと稼いできた企業なので、利益の蓄積は莫大（負債・純資産合計の７割！）

図表3-13　トヨタ自動車の貸借対照表の縮尺図

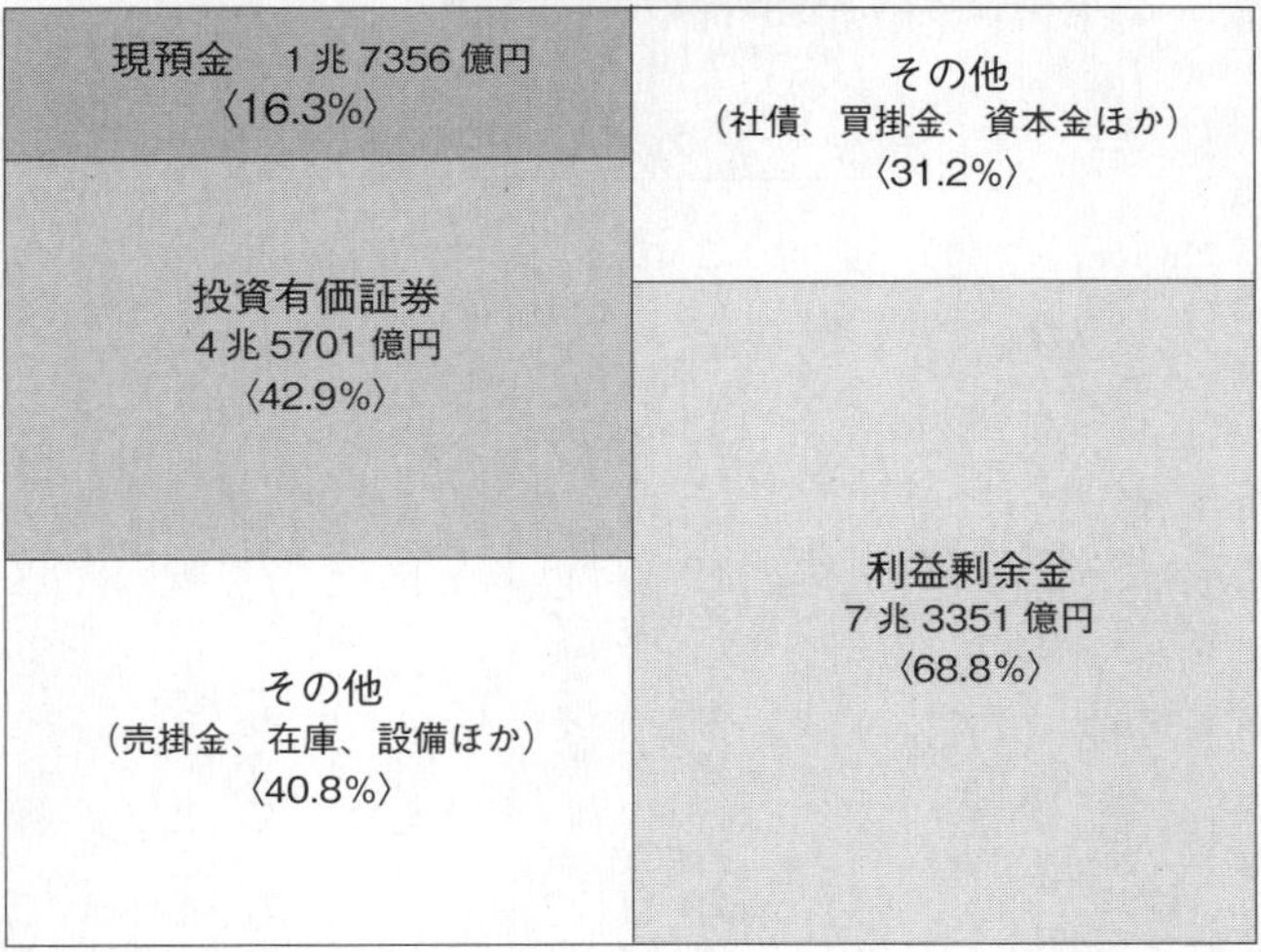

が見えてくる。持株会社とは、株式の保有によって傘下に多数のグループ企業を束ねる中枢的な役割を担う組織のことだ。トヨタの場合は、純粋持株会社と呼ばれる自らは事業をおこなわない組織ではなく、事業持株会社と呼ばれる自らも事業をおこなう組織だ。よって、売掛金、在庫、設備といった事業周りの資産も保有しているが、その規模はすべて合わせても全社資産の四割程度となっている。

ここまで、「企業を想像する」→「仮説を立てる（決算書をイメージする）」→「仮説を検証する（決算書を読む）」という三つのステップに沿って、トヨタ自動車という企業名から仮説・検証

STEP1
企業を想像する
STEP2
仮説を立てる（決算書をイメージする）
STEP3
仮説を検証する（決算書を読む）

のプロセスで決算書を読み解いてきた。

仮説⇒検証のプロセス、どこまであなたは楽しめただろうか。思考することは楽しいことだ。これまで一万人を超えるビジネスパーソンの会計研修の講師を務めてきたが、思考するときの受講者の目は実に輝いている。そしてその目の輝きに共通して言えることは、決して間違いを恐れてはいないということだ。

考えよう、そして、その時点で自分としてのベストとなる論理的な仮説を立てていこう。仮説⇒検証のプロセスを通しながら多くの決算書を読み解くことで、あなたの決算書を読む力は、確実に上達していくはずである。

◉3章のまとめ

■企業名から仮説・検証のプロセスで決算書を読み解くアプローチは、①企業を想像する、②仮説を立てる（決算書をイメージする）、③仮説を検証する（決算書を読む）の順序

■いきなり決算書を上から順番に眺めるのではなく、まずはその企業や業界に関する知識を言葉にしてみることから始める。これが、「見てから考えるのではなく、考えてから読む」ことのスタート

■なぜ仮説を立てることが大切か。仮説を立てれば、決算書を見る時点で、既に決算書の姿がイメージされている。仮説を検証していくプロセスが決算書を読む姿となる。スタート地点が異なれば、ゴール地点も大きく異なる。仮説構築した上での分析の到達点は、そうでない場合と比べて数段質の高いものとなる

■仮説構築の際の十三の主要なポイントは以下のとおり。すべての問いかけについて、「WHY?」（なぜそう思うのか?）、「SO　WHAT?」（そこから導き出せる経営上の意味合いは何か?）を考えること。慣れるまでは十三のポイントを仮説を構築するための問いかけのフレームワークとして活用するのもよい

1　売上・利益は成長しているか?

2　粗利は高いか?

3 販管費は多いか?
4 利益率は良好か?
5 現金は多いか?
6 売掛の回収は早いか?
7 在庫の量は多いか?
8 設備の規模は莫大か?
9 株式や債券の保有は多いか?
10 買掛の支払いは早いか?
11 借金は多いか?
12 資本金は多いか?
13 利益剰余金は多いか?

■決算書の分析を始める前の基本動作は、①日付、②単体決算書か連結決算書か、③単位はいくらか、の三つを確認すること

■企業のBSのイメージをよりはっきりつかむために、縮尺図を描いてみるのもひとつの方法

4章 決算書の数値から企業活動を読み解く 仮説・検証のプロセス

会計力

〈定量分析からのスタート〉

会計数値を理解し読み解く力

- 損益計算書
- 貸借対照表
- キャッシュフロー計算書

論理的思考力

戦略思考力

〈定性分析からのスタート〉

企業活動を理解し考察する力

- 企業が置かれた経営環境
- 業界の特性
- 企業が採用する経営戦略

STEP1 企業を想像する → STEP2 仮説を立てる（決算書をイメージする） → STEP3 仮説を検証する（決算書を読む）

3章では、トヨタ自動車の単体決算書を用いて上の三つのステップを踏みながら、企業名から仮説・検証のプロセスを通して、決算書を実際に読み解いていった。

今度はその反対、つまり決算書の数値から仮説・検証のプロセスを通して企業名まで当てていこうというものだ。実際の仕事の場では企業名をブランクにした状態で、決算書から企業名を当てるような作業はないだろう。しかし、この訓練を通じて決算書は経営戦略を見事に表したものであること、つまり本書の冒頭で示した会計の数値と企業活動（経営）の往復を実感してもらえるはずである。

QUIZ ③

とある企業X社の二〇〇七年三月期の決算書から、ずばり企業名を当ててください。企業名を当てるまでは難しくても、決算書の各数値の特徴から事業に関する仮説を、例にならってできるだけたくさん立ててください。一般的に貸借対照表（BS）の資産に事業の特徴が現われますが、X社も同様です。（制限時間　一五分）

（例）事実「●●●が多い／少ない」⇓ 仮説「製造業or小売業orサービス業である」

「◎◎業を営んでいる」
「売っている相手は△△である」
「××が競争優位の源泉である」

再現　グループ討議

私が年間三〇社ほどの企業に赴いてこなしている企業内研修の場には、さまざまなバックグランドの方々が参加する。決算書を見ることに慣れている経理・財務や経営企画担当の方はもちろん、営業、製造、研究開発、マーケティング、人事・総務など、どちらかというと会計に苦手意識を持っている方々も集う。企業内で選抜された人材や、公募型研修に自ら手を挙げて参加した方たちなので、必然的にこのような状況となる。

グループ討議をする際の彼らの議論を聞いていると、興味深いことが起こる。それは同じ企業であっても、各人のバックグランドによって、着眼点や物の考え方が異なることだ。

ここでは、企業内研修の雰囲気を少しでも味わってもらうため、ある化学会社にて、バックグランドの異なる三人が、この設問をグループ討議した状況を再現してみることにしよう。

なお、三人の発言内容に関する詳しい情報や正確な数値は章末に整理してあるので、参照してほしい。

図表4-1　X社の2007年3月期連結損益計算書

連結損益計算書

（自2006年4月1日　至2007年3月31日）

区　分	金額（百万円）	百分比（%）
Ⅰ 売上高	344,082	100.0
Ⅱ 売上原価	276,855	80.5
売上総利益	67,226	19.5
Ⅲ 販売費及び一般管理費	33,116	9.6
営業利益	34,110	9.9
Ⅳ 営業外収益	1,441	0.4
Ⅴ 営業外費用	5,364	1.5
支払利息	4,301	1.2
経常利益	30,187	8.8
Ⅵ 特別利益	181	0.0
Ⅶ 特別損失	1,505	0.4
税金等調整前当期利益	28,863	8.4
法人税・住民税及び事業税	14,284	4.2
法人税等調整額	△1,738	△0.5
少数株主利益	8	0.0
当期純利益	16,309	4.7%

図表4-2　X社の2007年3月期連結貸借対照表

連結貸借対照表

	〈2007年3月31日〉				〈2007年3月31日〉	
区　分	金額（百万円）		構成比（%）	区　分	金額（百万円）	構成比（%）
（資産の部）				（負債の部）		
Ⅰ 流動資産				Ⅰ 流動負債		
現金及び預金		25,393		支払手形及び買掛金	15,367	
受取手形及び売掛金		12,210		流動負債合計	73,520	
有価証券		44,472		Ⅱ 固定負債		
棚卸資産		8,965		社債	169,984	
流動資産合計		103,725	14.8	長期借入金	50,000	
Ⅱ 固定資産				固定負債合計	241,251	34.5
建物及び構築物	517,085			負債合計	314,771	45.0
減価償却累計額	△189,430	327,654		（純資産の部）		
機械装置及び運搬具	209,394			Ⅰ株主資本	378,270	
減価償却累計額	△146,700	62,693		資本金	63,201	
土地		93,301		資本剰余金	111,403	
有形固定資産合計		526,216	75.2	利益剰余金	233,932	
無形固定資産合計		13,738		自己株式	△30,265	
投資有価証券		44,164		Ⅱ 評価・換算差額等	6,588	
投資その他の資産合計		56,092		Ⅲ 少数株主持分	141	
固定資産合計		596,047	85.2	純資産合計	385,000	55.0
資産合計		699,772	100.0	負債純資産合計	699,772	100.0

《登場人物紹介》

売野くん（男性）　入社以来十二年間営業一筋。名古屋→福岡→埼玉と、これまで三支店を経験してきた。福岡支店では支店での月間営業記録を塗り変えて支店長賞を受賞する活躍もあり、直属の上司の推薦によって今回の選抜研修に選ばれた。

巧田さん（女性）　大阪府にある同社最大規模の工場で製造工程の品質管理と管理業務を担当している。大学で専攻した化学の専門性を活かし、次世代を担う技術を活かした新たな製品を開発したいと考えている。

数山くん（男性）　大学では工学専攻であったものの、なぜか入社時は営業担当。ここ五年間は経理部門に配属されるなど、いまだ自分の専門性が活かしきれていないと嘆いている。ただ今回の選抜研修に選ばれたことから、実は会社の自分に対する期待は強いのだと考えを改めつつある。

大津　制限時間は十五分。では、X社はズバリどこの企業なのか、当ててください。もちろん皆さんがよく知っている会社です。間違いを恐れずに、アウトプット思考でいきましょう。ただし、単なる思いつきはダメです。論理的に考えて仮説を立てていくこと。決算書の数値から、想定される仮説をどんどん立てていってください。

売野くん　えー、今日初めて決算書を勉強したのに、いきなり企業名を当てろかー。

巧田さん　さっき教わった「ＢＳのあるべき読み方」（四六ページ）に従ってやってみようよ。まずは大きな数値から読むんでしょう。

ＢＳは大きな数値から読む

数山くん　まず、この総資産の金額にびっくりするね。だって、売上は三四四〇億円なのに、総資産は七〇〇〇億円だよ。で、どんな資産が多いか探すと、固定資産、なかでも建物及び構築物[1]が三二七六億円。売上とほとんど一緒じゃない。三〇〇〇億円を超える建物の額は、さっきのトヨタともあんまり変わらないくらいだよ。

売野くん　あっ、分かった。これ、きっと製造業だよ。だって製造業だから工場をたくさん持ってるじゃん。工場の建物がたくさん現われているんじゃないの？

巧田さん　そうねー。でも、それにしても売上と同じ金額の建物ってすごくない？[2] 化学メーカーのウチの会社だって、建物の金額に対してなら売上はその一〇倍くらいあるんじゃないかしら。

数山くん　そうだよなー。売上と同じ金額の建物を持った製造業なんて、ありえないんじゃない。これだけ大きな建物を持っているとすると、電力会社とか、どうかな？

巧田さん　電力会社にしちゃ、売上三四四〇億円って少なくない？[3]　それに電力会社も建物よりもその中にある電力設備にお金を使うんじゃないの？[4]

売野くん　そうだよなー。あっ、不動産会社なんかどう？　たとえば六本木ヒルズを持ってる森ビルとか？　ほら、不動産会社だから建物が多い！　きっとそうだよ。

数山くん　森ビルみたいに自分でビルを保有して賃貸しているビジネスだったら、たしかに固定資産として保有する建物が多くなるのは納得だね。ああ、それできっと当たりだな。

巧田さん　ちょっと待って。森ビルって六本木とか一等地に土地を持っているんでしょう？　建物の金額に比べて土地の金額が一〇〇〇億円以下って、少なすぎない？

売野くん　そうだなー。土地のほうが多くてもいいくらいかもね。[5]

数山くん　土地は減価償却も時価評価もしないから、大昔に買った安い金額のままってこともあるけどね。[6]

巧田さん　なるほどねー。でも、そうじゃないとすると、単純に考えて土地の安いところに何だかものすごく豪勢な建物が建ってるってことでしょ。

数山くん　鉄道かなーって思ったんだけど、やっぱりレールを敷く土地が少ないよな。[7]

あっ、ホテルなんてどう？　建物大きいし。

巧田さん　そうねー。ホテルにもよるけど、一等地にあるようなホテルだとすれば、やっぱり土地が少なくない？　というか、私はどうしても売上と同じ規模の建物が普通じゃないって気がするのよね。三二七六億円の建物っていう数字も、もともとは五一七〇億円の建物を買っていて、そのうち一八九四億円の減価償却が済んで、それで三二七六億円ってことよ。いくらホテルでも、そこまで建物にお金使って会社は回るの？[8]

売掛金を読むことで売っている相手を知る

数山くん　有形固定資産があまりに大きすぎて、固定資産の固まりに比べると目立たないんだけど、流動資産も見ておこうか。この会社、売掛金がすごく少ないんだよねー。

巧田さん　あれー、売掛金って何だったっけー？　すぐに頭がこんがらがってくる。

売野くん　モノを売った経験のない人はしょうがないよな。売掛金は、売ったけどまだお金をもらっていないという金額だよ。ウチの会社はお客さんへの納品時点で売上が立つけど、お金が入ってくるのは大体その三カ月後だよ。月末締めの三カ月後月末受け取りが基本条件だから。

数山くん　売掛金の一二二億円って、売上三四四〇億円の四％以下だよ。つまり、三六五日×四％＝二週間以内でお金を回収していることになる。この会社には「末で締めて……」なんて言葉がないことになるよ。

売野くん　分かった、売っている相手は個人だな。個人相手だったら、末で締めてなんてやらないもんなー。

巧田さん　なるほどー、そういうことね。さすが支店長賞の売野くん。
数山くん　これで電力会社の線も消えたな。電力会社は個人も大きなお客さんだけど、我々電気代って後払いだよね。今月の使用分を払うのが来月末とか。だから電力会社ってけっこう売掛金持ってんだよね。[9]

在庫を読むことで業態を知る

売野くん　個人が相手っていうんなら、小売とかレストランとかじゃない？
巧田さん　ちょっと待って。小売とかレストランが売上並みの建物を持ってどうすんのよ？　店舗って、そもそもほとんどが賃借でしょ？　さっきユニクロで、家賃は多いけど設備はほとんどないってやったばっかりじゃない。
売野くん　あらら。
巧田さん　それにこの会社、在庫が少ないわね。八九億円の在庫って、売上三四四〇億円の三％以下でしょ。さっきの数山くんの計算式を使うと、三六五日×三％＝一〇日以下よ。
売野くん　だからー、レストランだったら食材が腐っちゃうから、一〇日分の食材って納得じゃない？　ああ、でもレストランに売上規模のゴージャスな建物は要らないか。[10]
数山くん　在庫が少ないってことは、単純に在庫商売じゃない、あるいは在庫を売ることが主たる商売じゃないということかなー。ということは製造業と小売業は消えるよね。だって、彼らの商売って在庫を売ることだもん。在庫がなくちゃ、話にならん。

複数の仮説を総合して結論に至る

巧田さん　ここまでの議論をちょっとまとめてみない？　まず、建物が多いけど土地が少ないっていうことから、比較的安い土地の上にとんでもなく豪勢な建物が立っているということでしょ。

売野くん　そう、それから売掛金がほとんどないからメインの顧客は法人ではなく個人だと。

数山くん　そして、在庫が少ないから在庫を売ることが主たる商売じゃないっていうこと。

売野くん　いったい何なんだー、この会社⁉　でも、けっこうしっかり利益出してんだよなー。

巧田さん　製造もしない、小売もしないとあれば、サービス業じゃないの。しかも、とんでもない建物が商売の源泉っていう。

数山くん　土地の安いところに豪勢な建物を建てて、個人相手にしているサービス業。そしてしっかり稼いでいる……。

三人　（一斉に）**東京ディズニーランドだ‼**

損益計算書（PL）の特徴と資金調達

大津　決算書の数値から仮説の構築、そして結論に至るまで、実に見事だったね。そう、正解は東京ディズニーランドを運営するオリエンタルランドの連結決算書なんだ。

巧田さん　何だか、数値から事業を想像するという意味が少し分かった気がします。

大津　そう、大事なのは論理的に考え、自らの仮説を立てること。製造業、電力、不動産、鉄道、ホテル、小売業、そしてレストランと、さまざまな業態が出てきたよね。でもその一つひとつを皆の力で見事に否定していった。

売野くん　でも先生、オリエンタルランドは鉄道とホテルは運営してますよ。モノレール走ってますし。

大津　そうだね。今回は連結決算書を見ているから、そうしたグループ会社の事業もすべて含まれている。イクスピアリのような複合型商業施設や、ディズニーストアのような小売業もね。でも、やっぱりグループの主たる事業はテーマパークの運営。だから決算書もテーマパークの姿を色濃く反映しているんだ。

数山くん　実は私、言わなかったですけど、一瞬テーマパークを考えたんですよ。ただ、PLをチラッと見たときに粗利が一九・五％しかなかったので、これは違うなと思ったんです。サービス業なのに、何でこんなに粗利が低いんですか？

大津　良い着眼点だね。製造業は製造コスト、小売業は仕入れコストが売上原価になるけど、サービス業ではサービスコストが売上原価になるんだ。サービス原価とはサービスに直接関連しているコスト。つまりテーマパークの中で皆さんの目に入るすべてが売上原価に入っていると思っていい。で、一番大きい原価は？

売野くん　そりゃー、人件費でしょう。[11] だって、キャラクターの……。

大津　ああ、そこから先は夢を壊すので止めときましょう。いずれにしてもアトラクションで働く人、レストランの従業員、掃除する人……。どの方一人欠けてもあのすばらしいサービスは提供できないのだから、まさに莫大な人件費はサービス原価だね。次に大きいのは？

数山くん　減価償却費だと思います。[11] この莫大な建物はすべて償却対象ですから。テーマパークとかホテルに関する建物の減価償却費はすべて売上原価に入っているはずです。

大津　その通り。こうして見ると売値の八割がサービス原価ということだから、少々高い入場料も納得しないといけないね。

巧田さん　研修で習った優良企業のベンチマークとなる営業利益率一〇%も、ほぼ達成していますね。

大津　粗利が二割で営業利益が一割というと、まるでさっきのトヨタみたいだね。ただ、この企業がトヨタと異なるのは、営業外費用に支払利息が四三億円あって、経常利益が営業利益から約一%下がっていること。問題か？と問われれば、支払利息の八倍にあたる営業利益三四〇億円を稼いでいるから、まったく問題ないけど。
数山くん　BSの固定負債にある社債と長期借入金を足して借金の金額を計算すると約二二〇〇億円です。利息が四三億円ということは、金利が二%くらいということになります。
大津　良い着眼点だね。ただ、二二〇〇億円はあくまで年度末時点での借金の残高だから、一年間にわたって支払った利息と比較するときは少し気をつけたほうがいいよ。実際、オリエンタルランドもこの年度の途中までは社債がもっとあったんだけど、一部満期を迎えてなくなったんだ。いずれにしても、この会社は利益剰余金が二三三九億円もあってけっこう潤沢だけど、さすがにこれだけの設備投資をしている会社。その利益剰余金だけじゃまったく足りないわけで、足りないお金は借金を有効活用して事業の拡大を図っているということだろう。本業でこれだけの収益力がある限り、もっとチャンスがあればもっと借金をしてもっと事業拡大してよいというレベルだね。

ここでオリエンタルランドのBSの姿を改めて縮尺図にしてみよう。

決算書の数値から仮説・検証のプロセスで読み解く経営環境、そして企業名を当てるまで。読者の皆さんの納得度はいかがだろうか。オリエンタルランドを使った企業名当てク

図表4-3　オリエンタルランドの貸借対照表の縮尺図

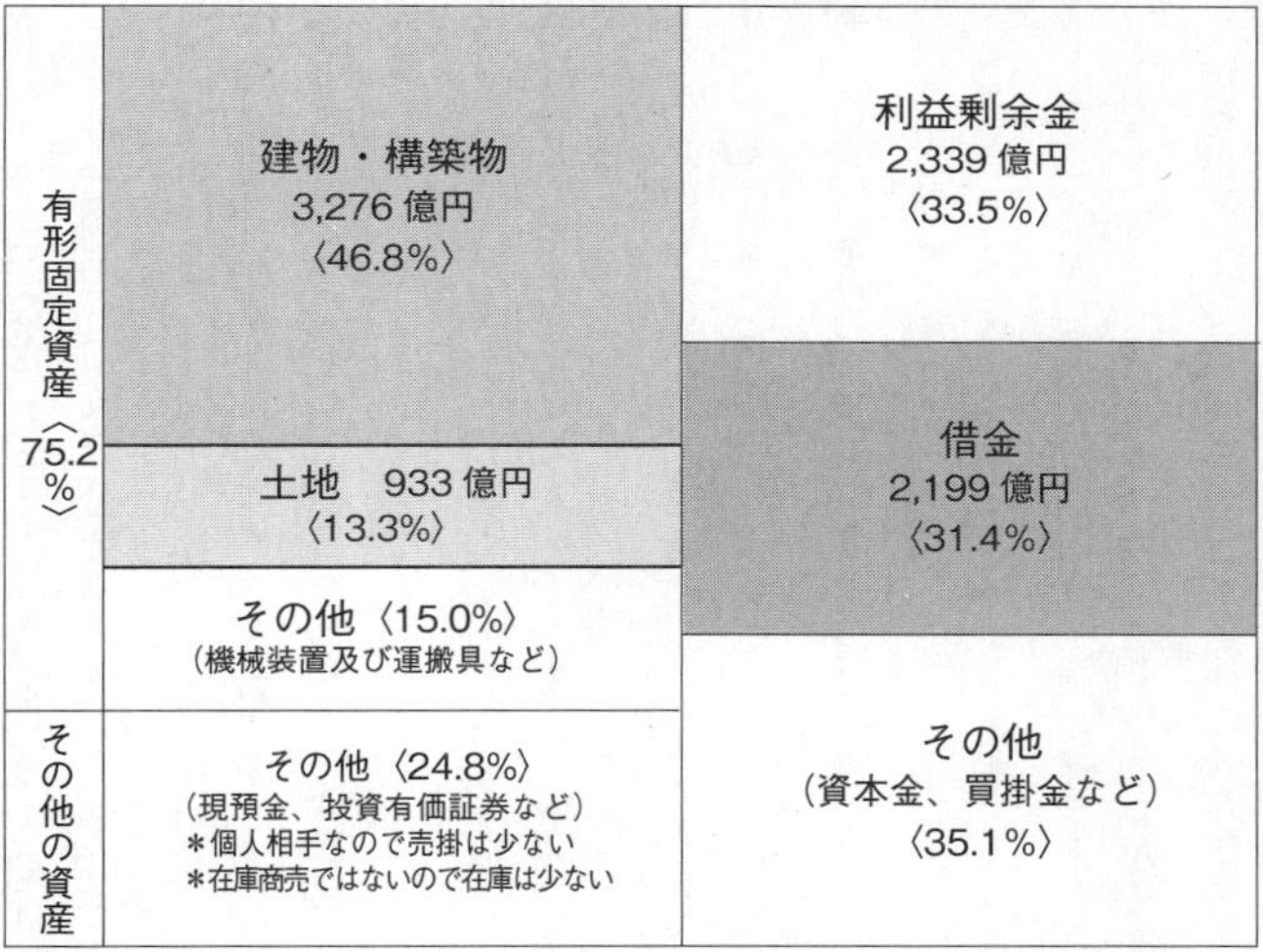

イズは、ビジネススクールや会計研修の場で実際に数多くおこなってきたものである。ネタを本書で明かしてしまったので、残念ながら今後は使えなくなるが、読者の理解の促進には適した決算書の例となろう。

三人のやりとりはスムーズになるように多少脚色してはいるが、実際の研修でも四つのグループがあれば、ひとつのグループで企業名までたどり着くのが通常であった。

数値から経営環境を読み解く力がつくことによって、決算書の着眼点、数値から経営環境に関する仮説構築の力が養われていく。それが発展していけば、顧客や戦略パートナーの決算書の評価、M&Aや新規事業立ち上げ時の決算書

の姿のイメージなど、さまざまな応用へと発展することが可能となる。私が担当する研修では一日一〇本もの決算書を用いて、

トヨタ自動車でおこなった、「企業名 ➡ 決算書の仮説」

オリエンタルランドでおこなった、「決算書 ➡ 業態の仮説、企業名の類推」

をインタラクティブにおこなうこともある。さながらゲーム感覚であるが、学ぶことにはこうしたゲーム感覚も大切であると、実践を通じて痛感している。

◉ 4章のまとめ

■ 一般的にBSの資産に事業の特徴が現われる。BSを読み解く三つの基本法則を意識して、BSを読み進めることが大切

■ 企業名をブランクにして事業を想像することで、数値から経営環境を読み解く力がつく。このことで、決算書の着眼すべきポイント、数値から経営環境に関する仮説構築の力が養われる。さらに、顧客や戦略パートナーの決算書の評価、M&Aや新規事業立ち上げ時の決算書の姿のイメージなど、さまざまな応用へと発展することが可能となる

【注記】

1　構築物とは、舗装道路、塀などの土木設備、広告塔、煙突など

2　主な製造業の連結売上高と建物及び構築物は次の表の通り。どんな製造業であっても、売上高と建物及び構築物の金額には、歴然とした差が存在している。

企業名（二〇〇七年三月期）	（連結）売上高（A）	（連結）建物及び構築物（B）	A÷B
トヨタ自動車	一三兆九四八〇億円	三兆四四四七億円	七・〇
ソニー	八兆二九五六億円	九七八六億円	八・五
新日本製鐵	四兆三〇二一億円	四五六五億円	九・四
武田薬品工業	一兆三〇五一億円	一〇七八億円	一二・一
任天堂	九六六五億円	一八〇億円	五三・七

3　二〇〇七年三月期の東京電力の連結売上高は五兆二八三〇億円、関西電力は二兆五九六三億円、中部電力は二兆二一三七億円。ただし、沖縄電力（東証一部上場）の売上高は一五九三億円なので、売上高が三〇〇〇億円以下の電力会社も存在している。

4　東京電力は二〇〇七年三月期連結決算で、建物は六五〇三億円に対して、機械装置その他はその一二倍に相当する八兆五七億円保有している。

5　森ビルは二〇〇七年三月期決算で、建物及び構築物一五五九億円に対して、土地はその約二倍に相

当する三一七三億円保有している。

6　土地の価値は時間の経過に応じて減るものではないので、減価償却しない。また、土地には株式市場のような客観的な時価が存在しないので、時価評価しない。よって、土地は購買時の値段がそのまま帳簿上の価額として原則計上されている。

7　主な電鉄業の建物及び構築物と土地は次の表の通り（連結ベース）。建物及び構築物と土地の大小関係は各社によりマチマチだが、どの企業も両者の数値は比較的近い。土地は原則時価評価しないことから、下記の数値が保有する土地の実質的な価値をそのまま示すものではない。特に電鉄業界が保有する土地は地価が安い大昔に購入されたままで計上されていることが多く、実質的な価値はBS上の数値より大きいことが一般的。

企業名（二〇〇七年三月期）	建物及び構築物	土地
JR東日本	二兆九一八九億円	二兆一二六億円
東京急行電鉄	五三七〇億円	四九〇〇億円
近畿日本鉄道	五七七七億円	五八二六億円
阪急阪神ホールディングス	五四二九億円	七七七三億円

8　主なホテル業の建物及び構築物と土地は次の表の通り（連結ベース）。建物はホテル業の根幹をなすものだが、それでも各社ともに売上の半分程度の額である。土地は時価評価されないこと（帝国ホテルは東京都千代田区の本社一万一〇〇〇平方メートルの土地がわずか二〇〇〇万円で計上されている）、

地方でのホテル展開では建物に比べて土地の地価が安いことなどが影響して、各社ともに建物及び構築物に比較して小さな額となっている。

企業名	売上高	建物及び構築物	土地
帝国ホテル（二〇〇七年三月期）	五七〇億円	二七〇億円	三五億円
リゾートトラスト（二〇〇七年三月期）	九七〇億円	四六四億円	一九〇億円
藤田観光（二〇〇六年十二月期）	七〇七億円	四三八億円	一〇九億円

9　二〇〇七年三月期の東京電力の連結売上高五兆二八三〇億円に対して、受取手形及び売掛金三八八五億円（売上の七・四％）を保有している。三六五日×七・四％＝約二七日間と算出される。電力会社の顧客は個人だけではないが、私たちが通常電気代を一カ月後の後払いで支払う事実と一致している。

10　主なレストラン業の連結売上、建物及び構築物と棚卸資産は次の表の通り。三社ともに、建物及び

企業名	売上高	建物及び構築物	棚卸資産（売上比）
日本マクドナルドホールディングス（二〇〇六年十二月期）	三五五六億円	四二三億円	二五億円　（二・六日）
吉野家ディー・アンド・シー（二〇〇七年二月期）	一三五五億円	一六六億円	六一億円　（一六・四日）
ロイヤルホールディングス（二〇〇六年十二月期）	一一六一億円	一四三億円	二〇億円　（六・三日）

構築物は売上高に比べて一ケタ少なく、棚卸資産は二ケタ少ない。なお、フランチャイズ方式をとると、棚卸資産を直接保有しなくなるので、棚卸資産が少なくなる。

11 連結ベースでは開示されていないので単体ベースの情報ではあるが、オリエンタルランドの二〇〇七年三月期の単体売上高二八四五億円に対して、売上原価に占める人件費(レストラン従業員も含む)は五〇三億円(売上比一七・七%)、減価償却費は三八七億円(同一三・六%)となっている。この他にはテーマパーク内での物品の販売にともなう商品の仕入原価四三九億円(同一五・四%)も多い。

第2部

戦略思考力

5章 「5つの力」で競争環境を理解する〈導入編〉

ビジネスを考えるスタート地点は経営の外部・内部環境

ケースメソッドを用いておこなうビジネススクールのクラスでは、たとえば、三時間のクラスであっても、数値に関する議論は三時間のうち、せいぜい一時間程度だ。もっと厳密にいえば、数値のみの計算だとか、数値の大小のみを確認するようなことはほとんどないと言ってよい。なぜなら、実際のビジネス現場で意思決定の際に求められるスキルは、そこにはないからである。会計の情報は、意思決定をする上での不可欠な情報ではあるが、それを知ること自体が目的ではないということだ。

冒頭から折につけ触れてきたように、会計の数値は企業活動の結果を表すものだ。数値があって企業活動があるのではない。企業活動があった結果としての会計の数値である。あるいは将来の企業活動の計画があっての会計の予測数値となる。よって**ビジネスを考えるスタート地点は会計の数値ではなく、常に経営の外部・内部環境を的確に把握することでなければならない**。分かりやすくいえば、定量的分析ではなく、定性的分析ということだ。本書では、この定性的な企業活動を読み取る力を**戦略思考力**と呼んでいる。

「勝ち続けるためのしくみ」をつくる

戦略とは、分かりやすくいえば「勝ち続けるためのしくみ」と定義できる。どんな業

図表 5-1　5つの力

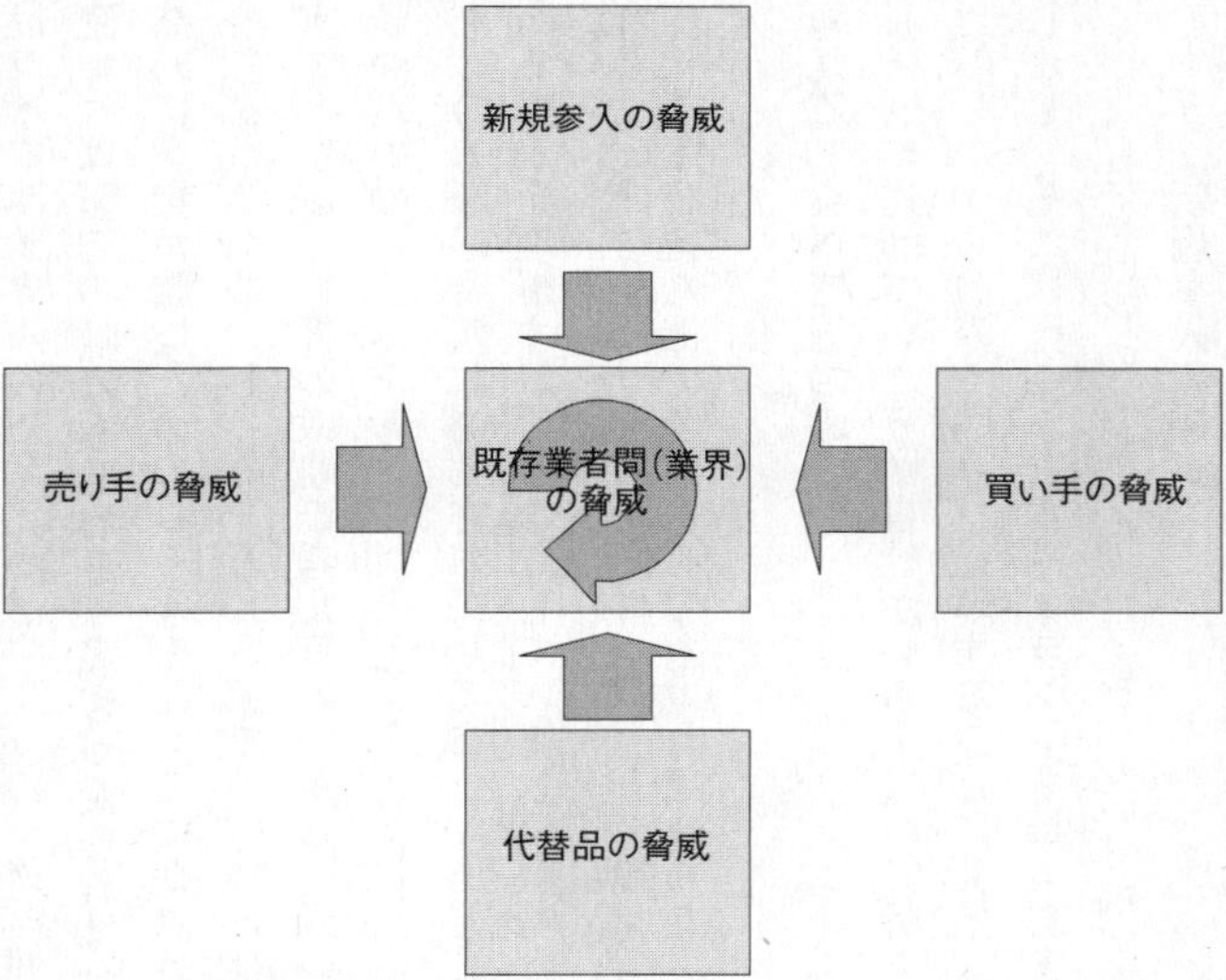

(出所)M·E·ポーター『競争の戦略』

界にあっても競争環境の厳しい現在では、以下のような表現を常に耳にする。「少子高齢化で成熟するマーケット」「供給過剰で激しい競争環境」「画一的な需要から、多様性を求める顧客嗜好《しこう》への変化」「製品ライフサイクルの短命化」「外資参入による競合の激化」「成長市場である海外へ活路」……。こうした激変する競争環境で、企業はいかに勝ち続けることができるのだろうか。

企業には勝つためのしくみを入念に作り上げることと、時代の変遷に応じてそのしくみを柔軟かつダイナミックに変更していくことが望まれてくる。時代といっても、製品ライフサイクルの短命化が示すように、その期間は着実に短期化してきている。**時代が変われば顧客の嗜好も変わる。顧客が変われば企業が勝つための条件も変わっていく。必然的に企業が勝つためのしくみを変えていかなければならないことになる。**

勝ち続けるためのしくみを考える上では、まずは業界としての競争環境を把握することが重要となる。自社の戦略を考えるのだから、つい自社の話にいきなり入りがちだ。しかし勝つためのしくみを考える以上、そもそも自社がどのような特性のある業界にいるのか、どのような競争環境にさらされているのか、そして勝つための戦略にはどのような選択肢があるのかを理解することなくして、正しい戦略は作れない。「勝ち続けるためのしくみ」とは、競合や社会環境の変化、技術革新や新規参入者など、起こりうるすべての競争環境の変化を踏まえた上でのしくみでなければならない。

考えておくべき五つの要因

具体的に述べていこう。自社がいる業界の分析をしようとした場合、自社と既存の競合を比較しながら強みや弱みを整理することに終始しがちである（**既存業者間の脅威**）。

しかし、そこに巨大な資本やブランドを持った大手企業や外資が参入してきたらどうだろうか。自社と既存の競合分析だけをしていては、突然の新規参入者への対応が後手に回ってしまう（**新規参入の脅威**）。

仮に新規参入者のことはしっかり考えてあったとしても、突然の技術革新によって、自社が提供していた製品と同じ機能を、より低価格で提供できる別の製品が出現したらどうだろうか。こうした自社製品の代替品を考慮しておかないと、自社の製品自体が突然否定された事態への対応ができない（**代替品の脅威**）。

既存業者、新規参入者、代替品はしっかり考察ずみであっても、原材料の売り手メーカーの数社が経営統合した結果、価格交渉力を一気に増した場合はどうだろうか。新規参入者も代替品もない、見かけ上は平穏な業界であっても、調達コストの急激な上昇で利益率は下落の一途をたどる。自社のいる業界での合従連衡が進むきっかけとなるかもしれない（**売り手の脅威**）。

既存業者、新規参入者、代替品、売り手の考察が十分できていても、あくまで自社に売上と利益をもたらすのは買い手の購買があっての話だ。買い手が巨大化することで自社に対する価格支配権を奪われれば、モノは売れども利益は薄い状況が続いていく。買い手との力関係に影響を与えうる要因を知り、入念に備えておくことが望まれる（**買い手の脅威**）。

業界の競争環境を考察する上では、少なくともこの五つの脅威について入念に分析しておくことが不可欠となる。「勝ち続けるためのしくみ」を構築するには、勝ち続けることを阻害する可能性を持った五つの要因を考察することが欠かせない。これがハーバード大学教授のマイケル・ポーターによる**5つの力（ファイブ・フォーシース）**である。

「5つの力」それぞれの脅威を増大させる要因は、決してひとつではない。それぞれの脅威を増大させる要因を整理しながら、それが会計の数値にどのような影響を与えうるのか、考えていくこととしよう。なお、業態は製造業、小売業、サービス業と大きく三つに分けられるが、ここでは製造業を想定して「製品」という言葉を用いている。5つの力を考える枠組みは、小売業が商品を販売することも、サービス業がサービスを提供することも、製造業が製品を製造して販売することと同一となる。ここでは、「製品」に用語を統一して記述するが、読者の皆さんは、自分の業態に応じて「商品」「サービス」と適宜置き換えて読んでほしい。また、本章導入編で5つの力のフレームワークを概観した後、次章応用編で、二〇〇六年に敵対的買収にまで発展した国内製紙業界を5つの力を使って考察する。

1　既存業者間（業界内）の脅威

既存業者間の競争が激しいほど、その恩恵は顧客（買い手）側に渡る。なぜなら、永久に成長を続けるような市場が世の中に存在しない以上、業者間の競争の激しさは、いずれは顧客の需要を上回る供給過剰をもたらすためだ。

本節末にまとめたさまざまな要因が既存業者間の脅威を高めるが、それは最終的には売値の下落となって現われていくものが多い。他の条件が一定であれば、売値の下落によって、売上高総利益率（→二六五ページの付録Ⅰ参照）は減少し、売上高販管費率は、上昇する。

既存業者間の競争の激しい業界のひとつとして、薄型テレビ業界が挙げられるだろう。薄型テレビ市場全体としては二〇〇八年にもブラウン管テレビを抜くまでの市場規模に成長したが、競争環境はグローバルプレーヤーを交えて玉石混合の状態にある。たとえば、ソニー、松下電器産業、シャープ、東芝、日立製作所、パイオニア、サムスン電子（韓）、LG電子（韓）、TTE（中国）、ハイセンス（中国）、フィリップス（蘭）などだ。

こうしたグローバルでの一流メーカーがひしめく薄型テレビ業界では、技術や機能面での優位性や、ブランドによる差別化はもはや打ち出しにくい。結果として価格の下落は激しいものとなり、二〇〇七年四月には機種によっては実勢価格が一インチあたり三〇〇〇円強と、一年前に比べても四割近く安い水準まで下がっている。テレビ事業が赤字に陥っている企業も多く、今後は薄型テレビ事業からの撤退が始まる可能性もある。

既存業者間（業界内）の脅威を高くする要因	概要
▼競合企業の数が多い、または競合間の類似性が高い業界	業界内に規模や力の点で類似する企業が多いほど、業界内の競争は激しくなる
▼業界の成長率が低い業界	業界の成長率が低い中で、拡大志向を持った企業は激しいシェア争いをすることとなる
▼製品の独自性が小さい業界	独自性の小さい製品は、価格を中心とした競争を誘発する
▼売り手や買い手のスイッチングコストが低い業界	売り手や買い手のスイッチングコスト（業者を変更する際に生じる有形・無形のコスト）が低い場合、彼らの業者選定は価格を中心とした判断となる。結果として、仕入れ価格の高騰（対売り手）や販売価格の下落（対買い手）を招き、業界の競争環境は厳しくなる
▼価格引き下げの誘惑が強い業界	固定費が高い業界では稼働率を上げて固定費を回収するために、値下げの誘惑が生じやすい。同様に、製品が陳腐化しやす

い業界でも、値下げによって廃棄を回避しようとする傾向が生じやすい。利益を度外視するような値下げが継続的に生じる場合には、競争環境は厳しくなる

▼生産能力の増強意欲の大きい業界

大規模な生産能力の増強をするインセンティブの強い環境では、業界の需給バランスを崩し、生産過剰と価格引き下げを招く

▼撤退障壁の高い業界

政府の規制や公共性の高い事業では、不採算だからといって簡単に撤退することができないことも多く、撤退障壁が高い。他にも、資産の特殊性や雇用面の束縛など、撤退障壁を高める要因は数多い。不採算でも事業を継続する企業が多ければ、消耗戦から利益率の下落を招く

2 新規参入の脅威

新規参入者が増えること自体が、利益率に直接的にすぐに悪影響を与えるわけではない。そもそも新規参入者が増えるということは、それだけ業界に成長や利益の魅力があることの裏づけともいえる。また新規参入によって業界内の競争業者が増えることは、既存企業

に成長のためのさらなる努力を促進するし、業界全体として市場を育てることにも寄与する。

しかし、市場の規模や成長性と比べて新規参入が過剰に続けば、業界内での競争環境は徐々に悪化するだろう。ついには過当競争によって供給が需要を上回る状態に陥れば、顧客は価格による製品の選別を強め、結果として価格競争が進展していく。他の条件が一定であれば、売値の下落によって売上高総利益率は減少し、売上高販管費率は上昇していく。

既存業者間の競争がすでに激しい薄型テレビ業界において、新規参入の脅威も存在する。これは、有機ＥＬ（エレクトロ・ルミネッセンス）やＳＥＤ（表面電界ディスプレー）という新技術を用いた薄型テレビによるもので、既存の薄型テレビ業者であるソニーや東芝に加えて、セイコーエプソン、キヤノンなどがこうした新技術による薄型テレビ市場への新規参入を目論《もくろ》んでいる。既存の液晶やプラズマテレビを中心とした薄型テレビ業界としては、規模の経済を追求したさらなる設備投資をしつつ、こうした新技術による新規参入者への対策を研究開発やマーケティング面でしていかなくてはならない。こうした新規参入者の脅威は、業界をさらに混迷させる可能性をはらんでいる。

新規参入の脅威を高くする要因	概要
▼規模の経済が働きにくい業界	規模の経済とは、企業規模が大きくなるに従って、固定費の単位当たりコストが小さくなり、結果として利益率が高まる現象。規模の経済のメリットが大きいほど、新規参入者は既存業者と当面は対等な立場で競争することが困難となる。そのため新規参入の脅威は低くなる。逆に規模の経済のメリットが小さいほど、新規参入の脅威は高まる。規模の経済は製造のみならず、研究開発、物流、マーケティング、販売、間接部門など、あらゆる局面で生じる可能性がある
▼製品の差別化がしにくい業界	業界内の既存業者の製品の品質やブランドの差別化が強いほど、新規参入者は顧客獲得に苦労することが予測され、新規参入に躊躇する。逆に既存製品の差別化ができていないほど、新規参入者は容易に既存業者と同じ立場で競争することが可能なため、参入の脅威は高まる
▼参入時の大規模な資	設備投資のみならず、先行キャンペーンや研究開発などの回収

金の必要性が低い業界

不能な支出、顧客への信用供与や在庫保持、事業立ち上げ時の損失の吸収など、参入時に巨額の資金を投資する必要がある場合、新規参入者の参入への意欲は減退する。逆に参入時に大きな資金を必要としない場合は、小規模業者でも容易に新規参入できることを意味する

▼規模に関係のないコスト面での有利性が既存業者間で低い業界

長年の事業経験から得られるコスト削減などの経験曲線効果や、独占的な技術、最高品質の原材料へのアクセス、値上がり前の価格で取得した資産、政府からの補助金、有利な土地、特許などを既存業者が保有している場合、新規参入の障壁が高まるため、参入の脅威は低くなる。逆にこうしたコスト面での有利性を既存業者が築けないと、新規参入は容易となる

▼流通チャネルへのアクセスが困難でない業界

流通チャネルが限定されていたり、業界内の既存業者による流通チャネルの締めつけが厳しいほど、新規参入者は販売ルートの確保で苦労する。結果として新規参入の脅威は低くなる。逆に、新規参入者でも販売チャネルの獲得が容易であれば、参入の脅威は高くなる

▼政府の規制が少ない

特定の業界への新規参入を政府が制限または禁止している場

業界

合、参入そのものが難しくなる。逆に、そうした規制が少ないと、新規参入の脅威は高まる

▼既存業者の報復見込みが小さい業界

業界の既存業者が、新規参入者に対して価格の切り下げや流通チャネルの制約などによって激しい反撃に出る可能性が高い場合、新規参入者の参入への意欲は減退する。逆に、そうした報復が予測されない場合は、参入のための障壁は低くなり、新規参入の脅威が高まる

3　代替品の脅威

コニカミノルタは、統合前のコニカとミノルタの創業事業であるフィルムもカメラも、もはや製造していない。コニカとミノルタが経営統合したのは二〇〇三年のことだが、その後二〇〇六年にカメラ事業から、二〇〇七年には写真フィルム事業から完全に撤退している。

業界にはキヤノンのように時代や技術の変化を見事にとらえ、銀塩からデジタルへとカメラ業界の大きな変化の中でも増収増益を続ける企業は存在している。コニカミノルタの撤退は、銀塩カメラの代替品として登場したデジタルカメラへと時代が移り変わる

過程での、デジタルカメラ市場の成長性と、競合やソニー、松下などの新規参入者の生産・技術対応を見誤った結果といえる。

代替品を考察する上では、自社の業界をどのように定義するかが特に重要となる。自社の業界を「銀塩カメラ・銀塩写真業界」とした場合、デジタルカメラのようなまったく異なる技術による代替品への対応が遅れがちになる。なぜなら「銀塩カメラ・銀塩写真業界」にとって、デジタルカメラのような、分野の異なる製品は直接的な競合にはならないからだ。これまでの成功体験の強い企業ほど、そうした落とし穴に陥りやすい。ソニーが平面ブラウン管テレビでの大成功から、液晶テレビへの対応が遅れたことや、アサヒビールがスーパードライの大成功から発泡酒への参入に出遅れたことなども共通する。

自社の業界の定義を「銀塩カメラ・銀塩写真業界」ではなく、「大切な瞬間を画像に残すための道具メーカー」としてあれば、どうだろうか。銀塩に固執することなく、より大きな見地に立って業界が直面する変化をとらえ、自社に求められる行動を的確に見出す糸口となるだろう。

製品の特性上の優位性を顧客に提示できない限り、代替品の出現に対抗するには、価格を下げることで顧客にとってのコスト・パフォーマンスを高める以外に選択肢がなくなる。他の条件が一定であれば、売値の下落によって売上高総利益率は減少し、売上高販管費率は上昇する。

しかし、デジタルカメラと銀塩カメラのように製品自体が完全に交代する事態に発展すれば、もはや単なる「代替品」ではなく、片方が完全に消滅してしまう「交代品」といえる。この場合、利益や利益率の減少のみでは済まされない。事業撤退によって売上や利益がなくなるだけでなく、撤退のための巨額のリストラ費用が発生する事態に陥る。

代替品の脅威を高くする要因	概要
▼業界の製品をコスト・パフォーマンスの点で上回る製品の出現	業界の既存製品と同様または類似の機能をもたらす製品を、より低価格で提供できる（顧客にとってコスト・パフォーマンスのよい）代替品の出現は、既存製品の価格の急落はおろか、既存製品の市場そのものを消滅させる可能性を秘めている
▼収益力の高い企業の存在	収益力に優れた企業や業界は、類似性能の製品を低価格で提供したり、費用投下によって性能を高めた製品を同一価格で販売してくる脅威が高い。当面は利益が確保できなくても、それを十分に吸収できるだけの全社としての強い収益力を保持しているためである

4 売り手の脅威

本節末では製造業にとっての主要な売り手として、原材料の調達先メーカーを想定して記述した。他にも、製造を外部委託している場合の委託先企業や、工場建設に必要なプラントメーカー、機械メーカーなどとの関係も必要に応じて考察しなくてはならない。ただし、いずれの売り手の脅威を決定する要因も、大きく変わらない。

節末にまとめた売り手の脅威を高める要因が強いほど、条件交渉における主導権を売り手が握る。すべてが売値に転嫁されるわけではないが、双方にとって売値が主導権の重要な発揮の場であることは間違いない。調達コストの上昇によって、業界の製造コストは上昇し、売上高総利益率は下落する。

同じように販管費に属する費用の調達先となる、広告宣伝費に関するマスメディア媒体や広告会社、運搬費に関する運輸会社など、その重要性に応じて個々に検討することが望まれる。こうした機能の売り手の脅威が高まるほど、販管費は上昇し、売上高販管費率が高まる。

売り手や買い手との力関係を考察するために、卸業界を取り上げてみよう。医薬品、日用雑貨、化粧品などのメーカー（卸業界への売り手）と、ドラッグストアやスーパーなどの小売店（卸業界の買い手）の間を仲介する卸業界での企業統合が、このところ急速に進んでいる。最大手のメディセオ・パルタックホールディングスは、クラヤ三星堂やパルタックに代表される傘下の企業によって、医薬品、日用雑貨、化粧品のすべてを扱う一大卸企業グループを形成している。二〇〇七年三月期の売上高は二兆円を超えており、売上高だけを見れば、売り手となるいかなる医薬品会社や食品会社をも上回る規模にある。

ここまで折に触れて解説したように、医薬品業界は国内市場が成熟して久しい。日用雑貨や化粧品市場は、少子高齢化の影響から今後の国内市場の成長余力に欠ける。卸業界にとっての売り手となるメーカー側は、こうした厳しい経営環境から一層のコスト削減への意識が高い。それは、メーカーが卸業界を飛ばして小売と直接取引をすることで、中間コストの削減を目指すことへとつながる。メーカー側はこの意向を柱として卸と交渉することで、卸に対して価格を中心とした交渉をしやすくなる。

卸業界としては、卸が提供できる顧客動向の情報や提案、一層の物流コストの低減などで対抗せざるをえないが、その一方で自社の企業規模や取扱製品を拡大することで、コスト低減効果を増大し、価格抵抗力を高めている。同時にメーカー側に対して卸の選択肢を狭めることで、価格交渉力を維持する効果にもつながっていく。

概要

自社の業界よりも売り手が寡占化していれば、売り手は価格などの条件設定での主導権を握る。結果として原材料などの調達コストが高騰し、収益力が圧迫される脅威が高まる

売り手の製品の独自性が強い場合、顧客である業界側はそれを必要とする限り、その売り手から購入せざるをえない。結果として業界は価格を基準にした売り手選別をすることができず、調達コストが増大し利益が減少する

製品の仕様が自社に合致していてその変更が困難であったり、売り手を変更することが地理的に難しかったりする場合、売り手の交渉力は強まり、脅威は高まる

売り手が川下統合によって自社の業界を侵食するだけの動機と力を保有している場合、業界側は売り手を過度に刺激する行動を取りにくい。結果として売り手の主導権は強くなり、脅威が高まる

売り手の脅威を高くする要因

▼売り手の業界で少数企業による寡占化が進んでいる場合

▼売り手の製品の独自性が強い業界

▼売り手を変えるスイッチングコストが高い業界

▼売り手による川下統合の可能性が高い業界

▼顧客としての重要性が売り手にとって低い業界　売り手にとって顧客となる自社あるいは自社の業界があまり重要でない場合、価格設定などにおいて売り手は強気の姿勢をとる可能性が高い。結果として、業界の収益力が圧迫される脅威が高まる

5 買い手の脅威

業界にとって買い手の脅威が高まる背景は、前節で見た業界にとっての売り手の脅威が高まる背景の裏返しといえる。さまざまな要因によって顧客である買い手の脅威が高まるほど、業界は条件交渉における主導権を買い手に譲ることとなる。これもすべてが売値に転嫁されるわけではないが、双方にとって売値が主導権の重要な発揮の場であることは間違いない。他の条件が一定であれば、売値の下落によって売上高総利益率は減少し、売上高販管費率は上昇する。

メーカーであれば、エンドユーザーに製品を直接販売することは稀で、卸・小売店・販売代理店などの販売チャネルを介して、自社の製品を販売することが通常だ。この場合には、買い手はエンドユーザーだけではなく、販売チャネルも重要な買い手として、同様に考察しなくてはならない。販売チャネルが強い力を持つ業界であるほど、多額の販売促進

費を投下する必要性が生じてくる。この場合は、売上高販管費率が上昇する。

ドラッグストアやスーパーといった主要な売り手が巨大化する中、卸業界も巨大化によって一定の規模を確保しない限り、売り手が期待する機能や価格を提供することができない。そうした弱小卸会社であっては、メーカーのみならず小売側にも卸を抜いた直接取引へのインセンティブが強く働いてしまう。

また、ドラッグストアは、もはや医薬品だけではなく、日用雑貨や化粧品の主要な販売チャネルとなっている。よって、こうした製品を多数のメーカーから総合的に仕入れて、売り手である小売店に一括供給できる卸であれば、小売店にとっても業務の効率化や物流コストの削減で、魅力を感じる相手となる。

買い手の脅威を高くする要因	概要
▼買い手の業界で少数企業による寡占化が進んでいる場合	納入元の業界（自社の業界）よりも買い手が寡占化されていれば、買い手は価格などの条件設定での主導権を握れる。結果として売値が下落し、収益力が圧迫される脅威が高まる
▼買い手にとって製品	納入元の製品の独自性が弱い場合、買い手は価格を中心とした

の独自性が重要でない場合	納入元の選別を行うことが可能となる。結果として売値が下落し、利益が減少する
▼買い手にとって納入元のスイッチングコストが低い業界	納入元を変更しても特にスイッチングコストが発生しないような場合、買い手の交渉力は強まり、脅威は高まる
▼買い手による川上統合の可能性が高い業界	買い手が川上統合によって自社の業界に侵食するだけの動機と力を保有している場合、業界側は買い手を過度に刺激する行動を取りにくい。結果として、買い手の主導権は強くなり、脅威が高まる
▼納入元や納入元製品の重要性が買い手にとって低い業界	買い手にとって納入元あるいはその業界があまり重要でない場合、価格設定などにおいて強気の姿勢をとる可能性が高い。結果として、業界の収益力が圧迫される脅威が高まる

次の6章では、国内製紙業界を例にとって、5つの力を使った分析を試みる。製紙業界の構造と変化をきちんととらえた上で、実際の会計の数値を見ていくこととしよう。

◉5章のまとめ

■ビジネスを考えるスタート地点は、会計の数値ではなく、常に経営の外部・内部環境を的確に把握すること

■戦略とは「勝ち続けるためのしくみ」。時代が変われば顧客の嗜好も変わる。顧客が変われば企業が勝つための条件も変わっていく。必然的に企業が勝つためのしくみを変えていかなければならない

■勝ち続けるためのしくみを考える上では、業界の競争環境の把握が第一に重要。勝つためのしくみを考える以上、そもそも自社がどのような特性のある業界にいるのか、どのような競争環境にさらされているのか、そして勝つための戦略にはどのような選択肢があるのかを理解することなくして、正しい戦略は作りえない

■「勝ち続けるためのしくみ」を構築するには、勝ち続けることを阻害する可能性を持った五つの要因（既存業者間の脅威、新規参入の脅威、代替品の脅威、売り手の脅威、買い手の脅威）を考察する。これがハーバード大学教授のマイケル・ポーターによる「5つの力（ファイブ・フォーシース）」

6章

「5つの力」で業界の競争環境と会計数値を読み解く〈応用編〉

1　王子製紙の敵対的ＴＯＢを考える

個別企業の事情の前に業界の構造を見る

二〇〇六年七月下旬に始まった、製紙業界最大手の王子製紙による同六位北越製紙への敵対的ＴＯＢ（株式公開買い付け）は、国内では初となる大企業による敵対的買収として、多くの関心を集めた。事態が進展する中で、北越製紙へのホワイトナイト（株式の友好的な取得者）として三菱商事が北越製紙の株式二四・四％を取得したり、製紙業界二位の日本製紙グループ本社が北越製紙の一部株式（八・八五％）を取得したことも、本件が世間の注目を集めた背景にある。王子製紙による敵対的ＴＯＢは結局、予定株数が集まらずに失敗に終わったが、**なぜ製紙業界でこのような大企業同士の買収合戦ともいえる事態が発生するに至ったのだろうか。**

この問いかけは、まさに業界に関する問いかけだ。こうした事象を考察する際に、つい王子製紙や北越製紙といった個別企業の状況の議論にすぐに入りがちである。しかし、なぜ個々の企業がそうした事態に至ったのかは、業界構造の大きな特性と変化が大きく影響しているはずだ。であれば、いきなり個別企業の各論に入るのではなく、業界全体の構造を十分に認識した上で、大手企業による敵対的買収という特異な事象を評価しなくてはな

図表6-1 紙・板紙の出荷高合計

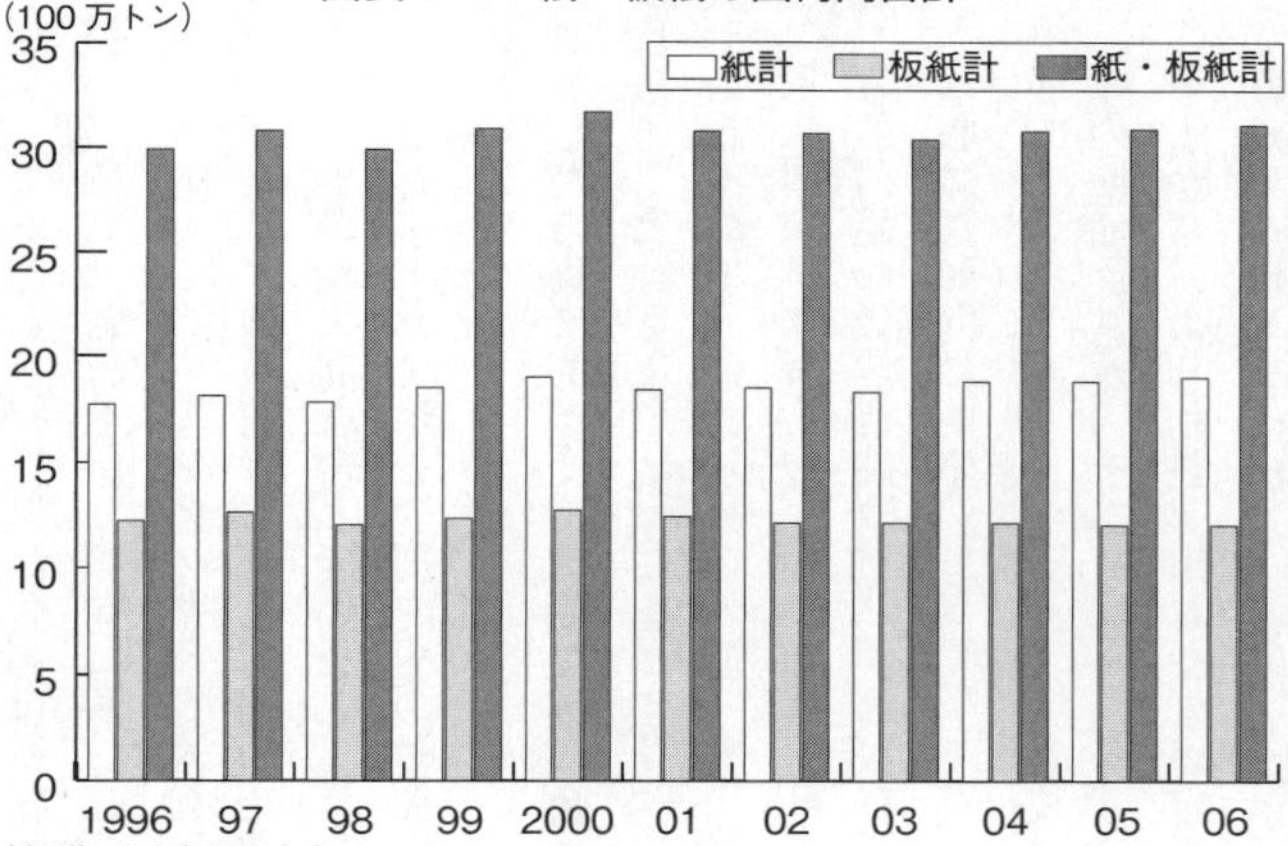

（出所）日本製紙連合会

らない。

そこで有効に活用できるのが、5章で紹介したポーターの「5つの力」となる。モレなくダブりなく業界に影響を与えうる五つの要因を考察した上で、なぜ製紙業界で大手企業による敵対的買収合戦にまで事態が発展したのかを考えていきたい。5つの力で業界の構造を読むに当たり、まずは、業界全体と主要企業の数値がどのように推移していたかを見ていくこととしよう。

景気回復で売上は増えても減益傾向の製紙業界

図表6-1は、国内製紙業界による紙と板紙の出荷高（含む輸出高）合計の推移を表したものだ。板紙とは、主に包装用に使われる厚い紙を指す。紙・板紙合計では二〇〇〇年

がピークであること、板紙出荷高は継続的に縮小していること、そして国内の景気改善から紙の出荷高は右肩上がり傾向にあることが読み取れる。ピークの二〇〇〇年の総出荷高に比較すると、二〇〇六年の総出荷高はその九八％まで回復している。

なお、グラフの数値はあくまで国内企業による出荷高なので、急増している海外企業からの国内への輸入高を含んでいない。実際は回復傾向がさらに強い国内紙・板紙市場であったが、海外メーカーからの国内への輸入増加によって、国内企業による出荷高は伸び悩んだのだった。

こうした市場にあって、主要企業の会計数値はどのような推移を示したのだろうか。図表6-2に示した三社のグラフから、三社の三年間の売上高・利益・利益率の特徴は、おおむね次のようにまとめられる。

・景気回復にともない、売上高は三社ともに右肩上がりの成長を示している

・営業利益や経常利益は、いずれも右肩下がりの傾向を示している。つまり三社ともに**増収減益**傾向にある

・北越製紙の二〇〇七年三月期は増益（営業利益、経常利益ともに前年度比二一億円前後の増加）となっているが、これには当年度から機械及び装置の減価償却方法を定率法から、より利益を出しやすい定額法に変更したことによる二八億円の利益押し上げ効果が寄与している。会計方針の変更がなければ、北越製紙も他の二社と同様に

図表 6-2 王子製紙、日本製紙、北越製紙の売上高、利益と利益率の3年間推移

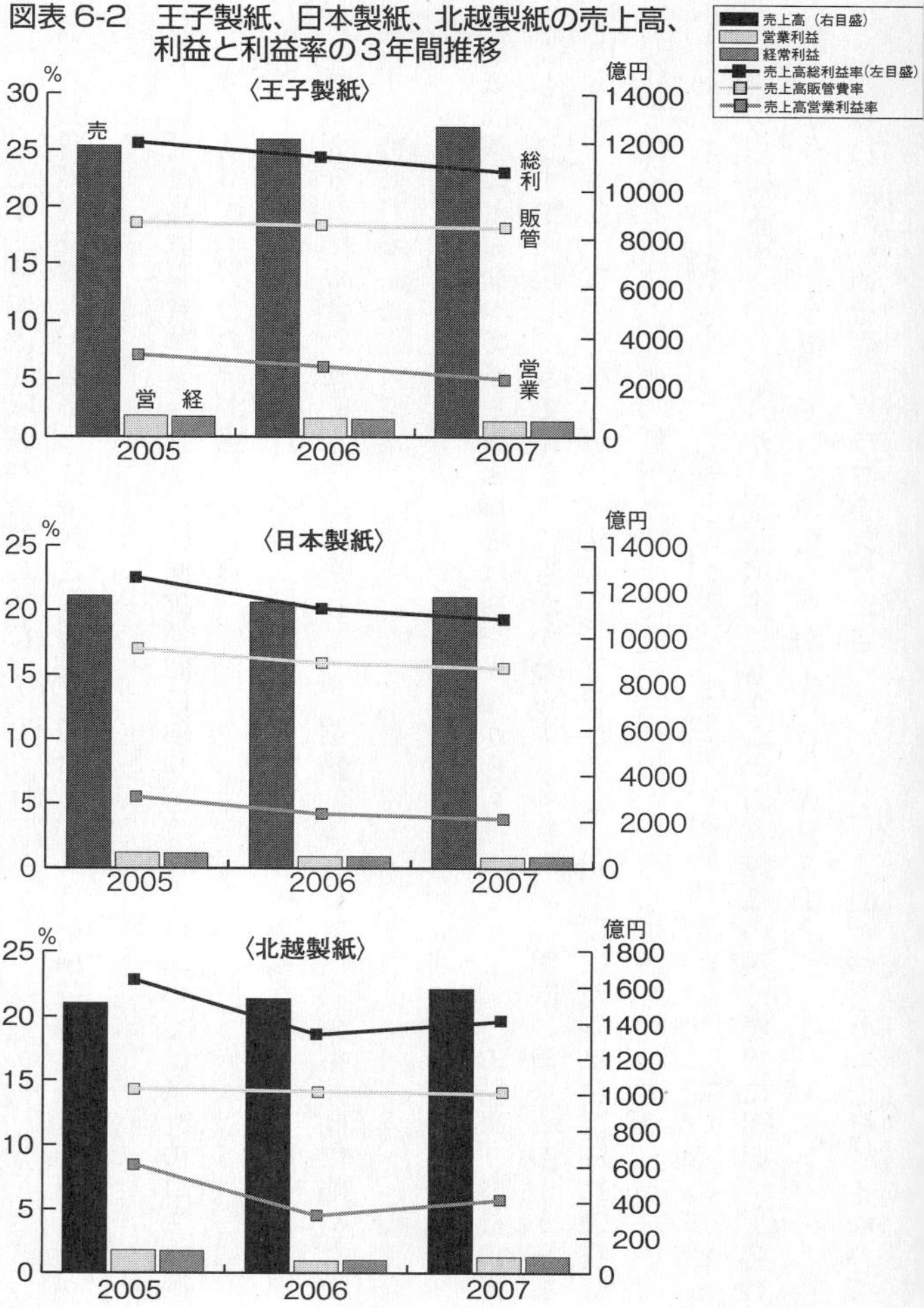

二〇〇七年三月期は増収減益決算だった

・売上高総利益率の下落が三社に共通して生じており、これが減益の主たる要因となっている

・逆に売上高販管費率は三社ともに減少傾向にあり、この点においては各社のコスト削減や効率化の努力の跡が感じられる

・以上から、売上高の増加以上の売上原価の上昇によって減少した粗利を、販管費の削減で十分に埋め合わせできない結果として、業界全体として増収減益傾向に陥ったとまとめられる

景気回復にともなって紙・板紙市場は緩やかながらも拡大を示し、その結果、各社の売上高も少しずつ回復してきている。にもかかわらず、各社の減益傾向に歯止めがかからないのは「いったいなぜだろうか（WHY?）」。なかでも、売上高総利益率が継続的に右肩下がりを続けるのは、売値の低下と売上原価の増加のどちらが影響し、なぜそれが続いているのだろうか（WHY?）。厳しい環境下でも各社が販管費を減少させているのはどんな企業努力によるものだろうか。景気回復にもかかわらず減益の続く業界において、各社はどのような打開策を掲げていくのだろうか（SO WHAT?）。

こうした会計数値を表すグラフを見たときこそ、「WHY?」、つまり「なぜそうなって

いるのか?」や「SO WHAT?」、つまり「そこから何が言えるのか?」を徹底的に問い続けていくことが求められる

会計の数値から読み取った数値の動きと、こうした疑問の解決をイメージしながら、二〇〇六年七月に王子製紙による敵対的TOBが起きた時点での国内製紙業界を、5つの力で分析してみよう。

2　既存業者間（業界内）の脅威——脅威を高める事象ばかり

国内製紙業界は、業界内の競合企業の数の多さ、海外からの競合の参入、低成長率、汎用品（コモディティ）という製品特性、売り手や買い手のスイッチングコストの低さ、各社の増産計画によるさらなる市況悪化など、どれをとっても既存業者間の脅威を高める事象があふれていた。このため各社が利益を確保するには、売値の引き下げによって販売量を確保するしか手段が残らない。このことが業界の売上高総利益率の継続的な低下に大きく影響していた。

既存業者間（業界内）の脅威を高くする要因	国内製紙業界の二〇〇六年七月時の状況
▼競合企業の数が多い、または競合間の類似性が高い業界	・世界の製紙業界では再編が活発化し、国内でも海外勢に対抗するためのさらなる体制構築が急務となっていた。国内最大手の王子製紙でも、世界シェアは七位止まりだった ・一九九六年から二〇〇五年までの一〇年間で、印刷用紙の売値は二二％下落していた（「日本経済新聞」二〇〇六年八月三十一日） ・二〇〇七～二〇〇八年は各社の最新設備が稼動して、市況のさらなる悪化が必至と思われていた
▼業界の成長率が低い業界	・国内紙市場は二〇〇〇年をピークに供給が需要を上回る状況が続いていて、約一〇％の供給過剰状態といわれていた ・各社ともに海外に活路を見出したいところだが、むしろ海外企業の国内進出のほうが際立っていた
▼製品の独自性が少ない業界	・紙製品はコモディティであり、品質やサービスで顕著な差別化が難しい

▼売り手や買い手のスイッチングコストが低い業界	・売り手、買い手ともにスイッチングコストは高くはない。詳細は売り手、買い手の各欄を参照
▼価格引き下げの誘惑が強い業界	・減産しても輸入紙が流入して市況下落に歯止めがかからないので、各社は減産せずに規模の経済を狙った。このため、供給過剰によりさらなる価格の下落を招いた
▼生産能力の増強意欲の大きい業界	・供給過剰のなか、日本製紙、大王製紙（業界三位）、北越製紙は規模の経済を狙って設備増強計画を立てていた。このため、三社の新設備が稼動する二〇〇八年頃に市況がさらに悪化することが懸念されていた
▼撤退障壁の高い業界	・撤退障壁を高める理由は特にない

3 新規参入の脅威——市場参入を狙う海外勢

2「既存業者間の脅威」で見たように、既存業者だけでもすでに過当競争に陥っている業界では、新規参入者が魅力を感じて参入してくるだけの動機は少ない。ただし、海外の同業他社であれば話は別となる。規模の経済を追求して市場拡大の活路を他国に見出す動機は強く働く。単価が安く大量に消費する消耗品という紙の性質から幸いに国内企業による製品の品質やブランド面での差別化は、強くはない。既存業者による価格競争といった報復活動が起きても、それに対応するだけの低コスト構造を保有しているのはむしろ海外勢だ。

海外勢の国内市場への参入は、景気回復で販売量は増えても価格を上げることができない状況へと既存業者を追い込む。新規参入の増加も、業界の売上高総利益率の継続的な減少に寄与している。

新規参入の脅威を高くする要因	国内製紙業界の二〇〇六年七月時の状況
▼規模の経済が働きにくい業界	・価格以外の競争優位性を発揮することが困難なことから、低価格を実現するために規模の経済が不可欠な業界であった。この点においては、新規参入の障壁は高く、他社が頻繁に参入してくるような業界ではない ・しかし、最新設備や安い賃金によって低コスト構造を持った海外勢であれば、さらなる規模を追求するために日本市場へ

	新規参入する動機は強い。このため、国内企業は規模の経済のメリットを十分に発揮できないまま、海外企業、特に中国企業の躍進を許していた ・東アジア市場が一体化し、印刷・情報用紙分野ではここ二～三年で輸入紙が急増していた。輸入紙は二〇〇五年に一四三万トンとなり、一〇年前より三割以上増加して、国内消費量の七%超に達していた
▼製品の差別化がしにくい業界	・紙製品は差別化が難しく、競争優位の源泉が価格となることはどの国でも共通しており、市場の拡大への関心は海外企業も強かった
▼参入時の大規模な資金の必要性が低い業界	・規模の経済を実現するために設備投資を必要とするため、新規参入時には相応の資金が必要となる。この点においては、新規参入の障壁は高い
▼規模に関係のないコスト面での有利性が既存業者間で低い業界	・既存業者が規模以外のコスト面で発揮できる有利性があっても、売値の下落がそれ以上に激しいため、そうした有利性は十分には機能していなかった。よって、規模以外のコスト面での有利性が新規参入者にとっての特段の障壁とはならな

かった

▼流通チャネルへのアクセスが困難でない業界	・新聞社などの大口顧客は長年の取引経緯から業者が選定されており、新規参入者が契約を容易に獲得できるものではないと思われる。この点においては、新規参入の障壁はやや高い ・国内には大小合わせて六〇〇の卸商が存在しているが、大手の流通チャネルの確保には一定の時間とコストを要するだろう。この点においては、新規参入の障壁はやや高い
▼政府の規制が少ない業界	・製紙業界への参入において、政府の規制等は特に存在しない。この点においては、新規参入の障壁は低い
▼既存業者の報復見込みが小さい業界	・製紙業界では、既存の業者間でも過去に価格競争を仕掛けるなどの報復活動がなされた経緯のある業界なので、新規参入者も同様の報復を受ける可能性は十分予測される。この点においては、新規参入の障壁は高い ・ただし、既存業者による価格競争といった報復活動が起きても、それに対応するだけの低コスト構造を海外企業は有していた

4 代替品の脅威――紙の利便性は当面変わらず

「5つの力」の中で、唯一脅威としての重要性が低いのが代替品だ。紙自体が記録媒体として持つ利便性が圧倒的に優れているため、すぐに代替品が登場して市場が一気に縮小したり、消滅することは考えにくい。良くも悪くも予測を立てやすい業界といえるだろう。

代替品の脅威を高くする要因	**国内製紙業界の二〇〇六年七月時の状況**
▼業界の製品をコスト・パフォーマンスの点で上回る製品の出現	・ネット社会の進展や環境問題から、ペーパーレス化という代替品が進行し、紙の需要が衰退するとも思われたが、それが理由となるような顕著な市場の縮小には、特につながっていない ・紙自体が記録媒体として持つ利便性が圧倒的に優れた現代において、それに代わる代替品の開発に莫大な投資をする企業は考えにくい

▼収益力の高い企業の存在

・収益力が特段に優れた企業は業界に存在していない。類似性能の製品を利益度外視の安値で提供したり、費用投下によって性能を高めた製品を同一価格で販売してくるだけの余裕のある企業は考えにくい

5 売り手の脅威——原材料価格は上昇の一途

売上高総利益率の下落には、ここまで主に触れた売値の下落に加えて、売上原価の増加も大きく影響している。原油価格の高騰、円安、景気回復による売り手製品への需要急増といった主に外部要因から来るものではあるが、これを自社の売値に転嫁できていないところに製紙業界の構造上の大きな問題があった。

また、三菱商事が北越製紙の株式を大量取得したように、総合商社が川上の原燃料メーカーと川下の製紙業界との垂直統合を図っている。そうした統合に取り込まれない独立系企業にとっては、今後の仕入れの不安定さと価格上昇が潜在的な懸念事項としてとらえられるだろう。

売り手の脅威を高くする要因	国内製紙業界の二〇〇六年七月時の状況
▼売り手の業界で少数企業による寡占化が進んでいる場合	・原油価格の高騰や円安によって、売り手の製品（業界にとっての原燃料）価格が急騰していた。業界が値上げを受け入れていた事実から、価格交渉において売り手側が主導権を握っていたことが分かる。この背景のひとつとして、業界に比べて売り手側の業界での企業間の集約と効率化が進んでいたことが挙げられる。この点においては、売り手の脅威は高い ◦紙の生産過程で使用する重油や石炭などの燃料に加えて、木材チップ、パルプ、原油価格と連動性の高い薬品などの調達コストが上昇していた ◦中国での古紙の需要増加から需給が逼迫した結果、古紙価格も上昇していた
▼売り手の製品の独自性が強い業界	・売り手が提供する重油、木材チップ、パルプ、石炭、薬品、古紙などは、各社の製品自体に差別性が強いわけではないが、製紙業界にとっては製造プロセスにおける必需品であり、代

	替できない。この点も価格交渉で売り手側が主導権を握る背景のひとつとなる。この点では、売り手の脅威はやや高い
▼売り手を変えるスイッチングコストが高い業界	・売り手が提供する製品に特段の独自性がないことから、製品の品質面だけを考えれば、業界が売り手を変えるスイッチングコストはそれほど高くはない ・しかし、現在のような需給逼迫時でも確実に原燃料を調達するには、需要の変動によらず売り手と継続して安定的な取引をすることで信用を築くことが重要となる。これらの点から、売り手の脅威は中立
▼売り手による川下統合の可能性が高い業界	・総合商社が川上の原燃料メーカーと川下の製紙業界を一手に押さえ、一貫した垂直統合を築こうとする動きが見られる。総合商社と組んだ売り手メーカーが増加していく事態が進んだ場合、売り手の脅威はさらに強くなると予測される
▼顧客としての重要性が売り手にとって低い業界	・市況環境にも左右されるので一概には言えないため、売り手の脅威は中立

図表6-3 王子製紙の販管費と構成要素の売上比推移

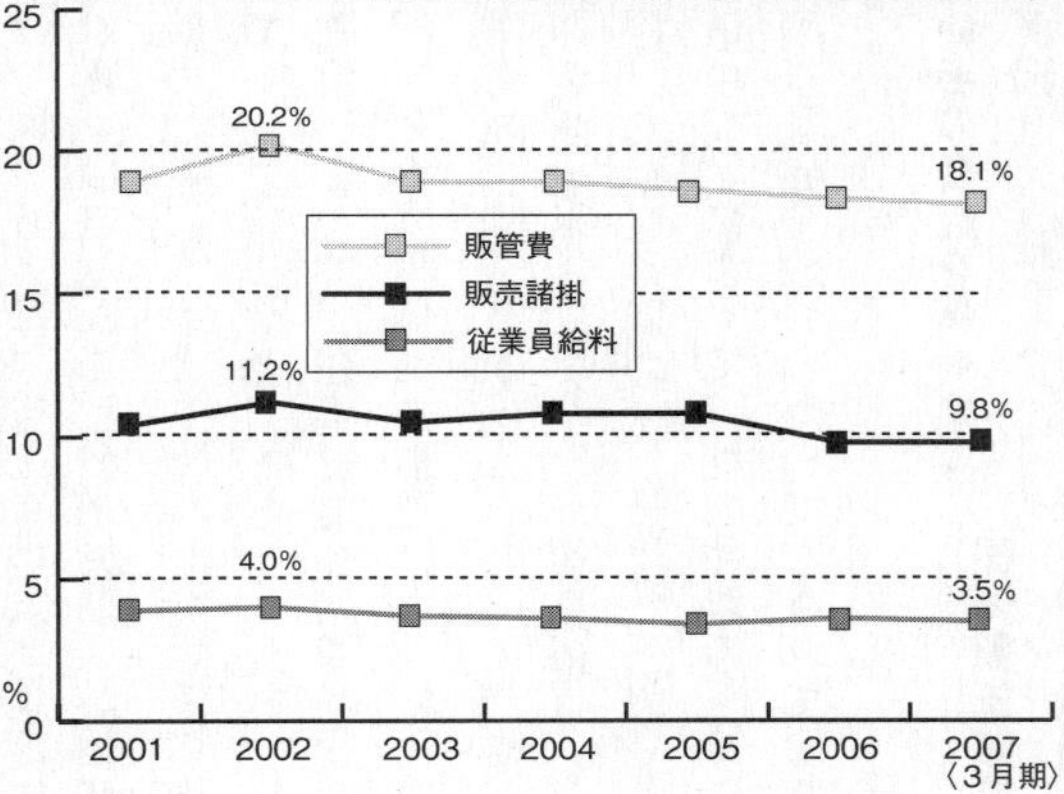

6 買い手の脅威――差別化難しく価格交渉は買い手が有利

供給過剰、品質やブランドでの差別化の難しい製品特性、買い手にとってのスイッチングコストの低さなど、どれもが買い手有利の交渉をもたらす要因となっている。価格を中心とした交渉にならざるをえず、売値の下落で売上高総利益率の減少に拍車がかかる。

また、総合商社が川下の販売会社（自社も含む）と川上の製紙業界を一手に押さえた垂直統合の強化を図っている。そうした統合に取り込まれない独立系企業にとっては、今後の販売の不安定さと売値下落が潜在的な懸念事項としてとらえられよう。

ここで王子製紙を取り上げて、買い手との関係性が現れる販管費について過去に遡ったグラフを図表6-3に示す。二〇〇二年に二〇・二%に達した売上高販管費率が、その後一貫して減少していることが分かる。売上が頭打ちの中でコスト削減をした努力が伺える。販管費の削減にもっとも寄与しているのが、販売諸掛（製品販売時の物流コスト等）が売上比で一・四%下落していることだ。これについては、在庫の適正化と代理店との協力体制の強化によって、在庫費用と流通経費の徹底した圧縮を図った結果である。買い手となる代理店との協調体制の推進によって、薄利が続く製紙業界での生き残りをかけ両者が協力体制にあることが伺える。

販売諸掛の次に多い従業員給料も二〇〇二年の売上比四%の水準に比較すると、二〇〇七年三月期の三・五%は一割以上の削減に相当する。これは、減給や早期退職制度の活用などによって、総人件費の圧縮に努めてきた結果を示している。これらの企業努力は製紙業界全般にわたってなされており、業界の努力について一定の評価をすべきだろう。

買い手の脅威を高くする要因	**国内製紙業界の二〇〇六年七月時の状況**
▼買い手の業界で少数企業による寡占化が	・どんな業界でも紙は必需品であるため、市場の寡占化といった影響はない。この点においては、買い手の脅威は低い

進んでいる場合

・しかし、原燃料のコストアップを業界が売値に転嫁できていない事実から、価格交渉において買い手側が主導権を握っていたことが分かる。製紙業界の合従連衡が十分には進んでおらず、供給が過剰な状態にあることが裏づけられる。この点では、買い手の脅威は高い

▼買い手にとって製品の独自性が重要でない場合

・多くの場合、紙自体はコモディティ（汎用品）であるため、品質での差別化をするのは困難。供給過剰が起きた状況にあれば、買い手は価格を基準とした業者の選別を強める。この点では、買い手の脅威は高い

▼買い手にとって納入元のスイッチングコストが低い業界

・納入元（業界）が提供する製品に特段の独自性はなく、供給過剰な状態が続くことから、納入元を変えるスイッチングコストは買い手にとってそれほど高くはない。この点では、買い手の脅威は高い

▼買い手による川上統合の可能性が高い業界

・総合商社が川下の販売会社（自社も含む）と川上の製紙業界を一手に押さえ、一貫した垂直統合を築こうとする動きが見られる。総合商社と組んだ買い手メーカーが増加していく事態が進んだ場合、買い手の脅威はさらに強くなると予測され

▼納入元や納入元製品としての重要性が買い手にとって低い業界	る ・市況環境にも左右されるので一概には言えないため、買い手の脅威は中立

以上の考察から、国内製紙業界の「5つの力」をまとめると図表6-4のようになる。

ここで興味深いのは、売り手メーカーの原燃料の供給を製紙業界の需要が上回っているにもかかわらず、買い手の需要は製紙業界の供給を下回っている事実だ。製紙業界内で不利益な需給ギャップが生じている。必然的に過剰設備の保有といった事象が、各社のバランスシート上に現われることとなる。図表6-5に、三社の有形固定資産と主要資産の売上比率を示す。

王子製紙と日本製紙は業界をリードする最大手の二社として、全体的に数値が類似している。両社ともに売上の七割超に相当する有形固定資産を保有しており、高い水準にある。業界が異なるので単純比較はできないが、トヨタの同比率は単体で一割、連結でも三割だ。

一方の北越製紙の有形固定資産は、売上の九割超にまで達している。特に大きいのは売上の過半数に達する機械装置及び運搬具だ。これは、同社が最新設備を保有しているこ

図表 6-4 製紙業界の5つの力（2006年7月のTOB 発生時）

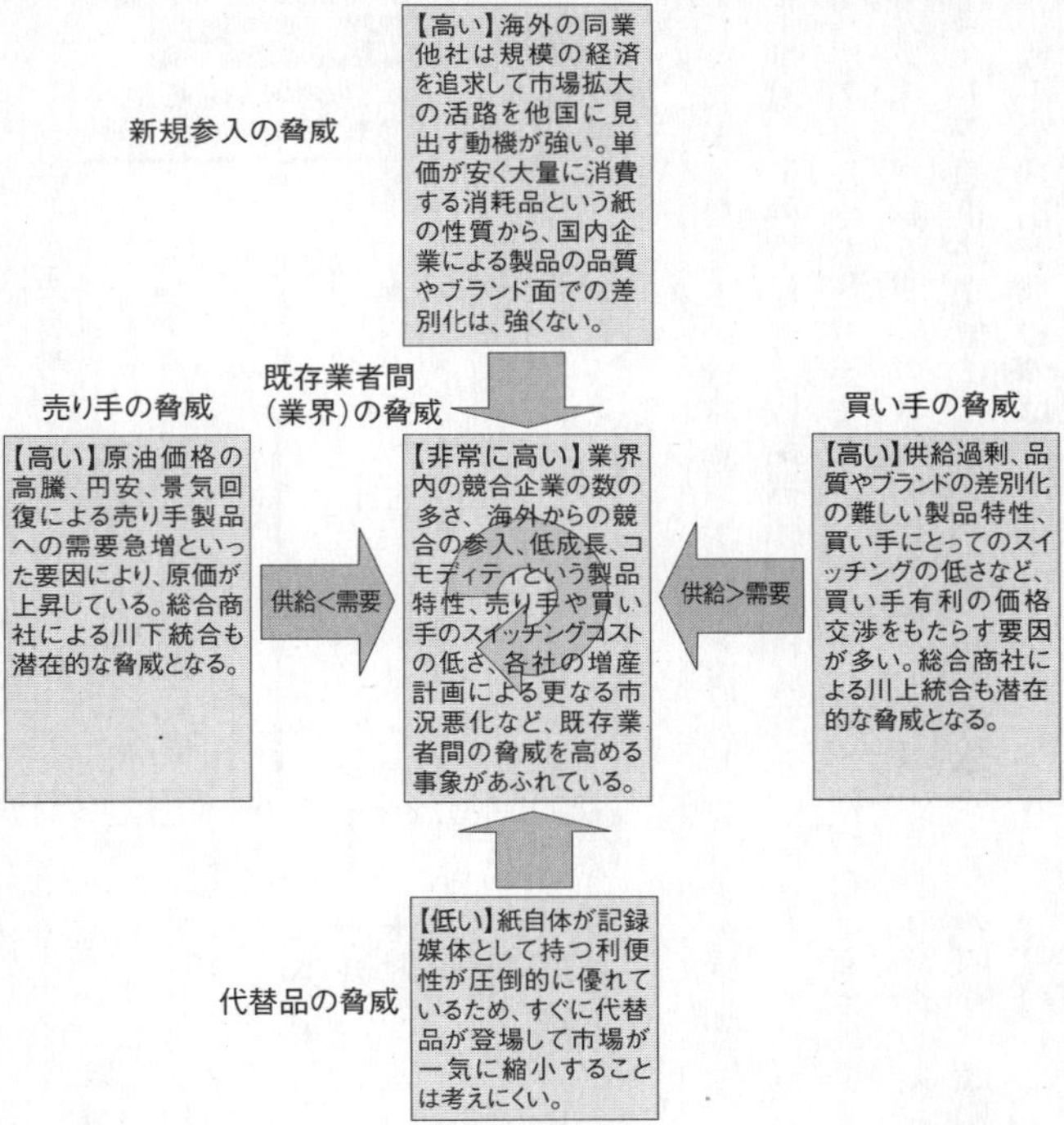
新規参入の脅威
【高い】海外の同業他社は規模の経済を追求して市場拡大の活路を他国に見出す動機が強い。単価が安く大量に消費する消耗品という紙の性質から、国内企業による製品の品質やブランド面での差別化は、強くない。
売り手の脅威
【高い】原油価格の高騰、円安、景気回復による売り手製品への需要急増といった要因により、原価が上昇している。総合商社による川下統合も潜在的な脅威となる。
供給＜需要
既存業者間（業界）の脅威
【非常に高い】業界内の競合企業の数の多さ、海外からの競合の参入、低成長、コモディティという製品特性、売り手や買い手のスイッチングコストの低さ、各社の増産計画による更なる市況悪化など、既存業者間の脅威を高める事象があふれている。
供給＞需要
買い手の脅威
【高い】供給過剰、品質やブランドの差別化の難しい製品特性、買い手にとってのスイッチングの低さなど、買い手有利の価格交渉をもたらす要因が多い。総合商社による川上統合も潜在的な脅威となる。
代替品の脅威
【低い】紙自体が記録媒体として持つ利便性が圧倒的に優れているため、すぐに代替品が登場して市場が一気に縮小することは考えにくい。

図表 6-5 有形固定資産と主要資産の売上比率（単位：億円、カッコ内は売上比）

	王子製紙	日本製紙グループ本社	北越製紙
売上高	12,657（100.0%）	11,752（100.0%）	1,589（100.0%）
有形固定資産合計	9,100 （71.9 ）	8,412 （71.6 ）	1,477 （92.9 ）
建物及び構築物	2,078 （16.4 ）	1,733 （14.8 ）	244 （15.4 ）
機械装置及び運搬具	3,758 （29.7 ）	3,405 （29.0 ）	832 （52.4 ）
土地	2,276 （18.0 ）	2,299 （19.6 ）	104 （6.6 ）

図表6-6　製紙業界の再編

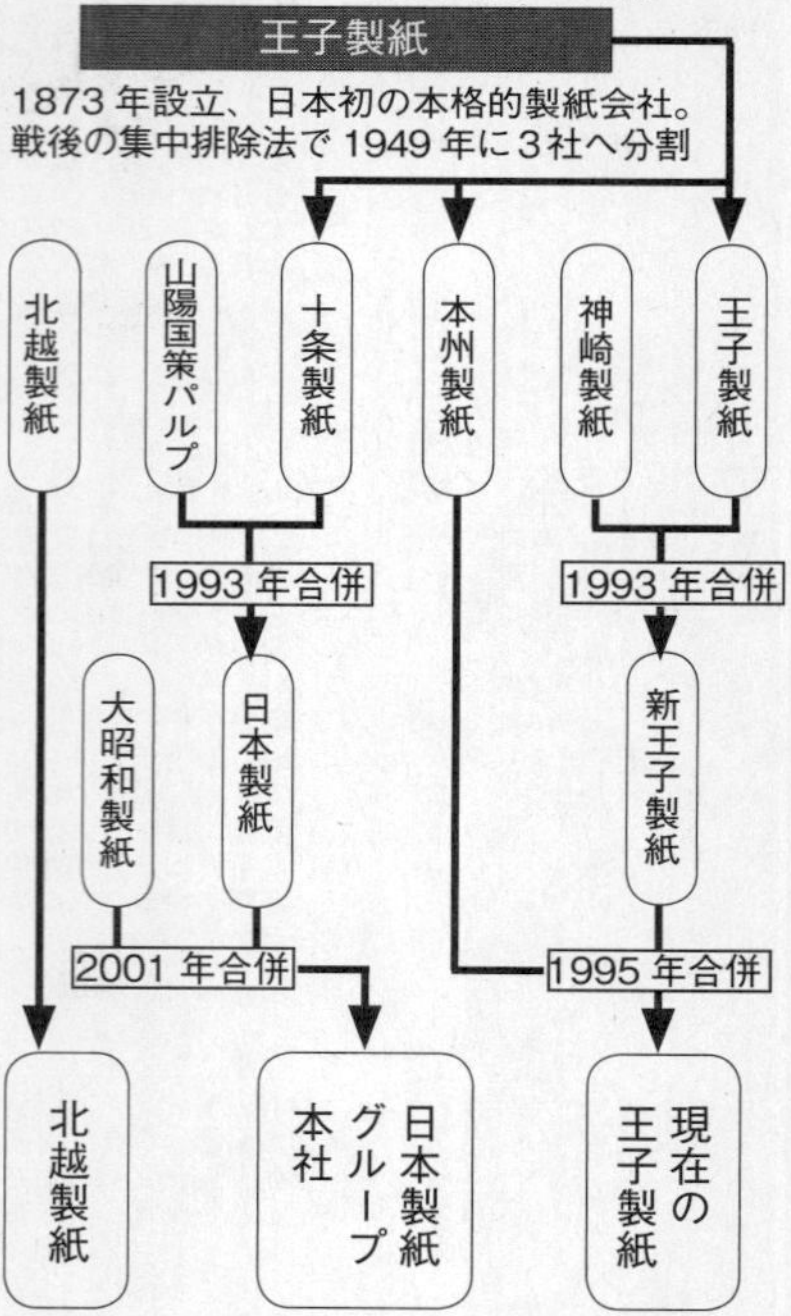

（出所）2006年8月4日付「日本経済新聞」より作成

との裏づけでもあるが、その設備が売上に十分結びついていないことを露呈している。

製紙業界として当面打てる手段は何だろうか。買い手に対する地道な値上げ交渉、設備更新による効率化の推進（ただし、これが寄与するのは稼動を満たすだけの販売数量の増加があっての話）、さらなるコスト削減、海外市場への販路開拓が挙げられる。しかし、いずれの策でも、現在の国内製紙業界の混迷から抜け出すだけの抜本的な解決につながるとは思えない。市場の規模に対して業界のプレーヤーの数があまりに多すぎる。業界全体の供給量をコントロールし、製造コストを適正に売値に転嫁できる体制を構築できない限り、既にそれができている海外メーカーの進出が進むのは目に見えている。

こうした厳しい業界の環境下にあって、二〇〇六年七月の敵対的TOBが起きたわけである。読者の皆さんは、自分が製紙会社の経営者であったなら、この事態に対してどのように考え、どのようなプロセスを踏んで対処しただろうか。株主、金融機関、従業員、取引先といったステークホルダーを頭に浮かべながら考えてみることは、経営者としてのシミュレーションとして悪くないケース課題だろう。

製紙業界の各企業も、ここまで手をこまねいて眺めていたわけではない。図表6-6から、上位二社の王子製紙と日本製紙は、合併に次ぐ合併によって業界上位の地位を保ってきたことが確認できる。そうした大局的な視点に立てば、二〇〇六年の敵対的TOBは製紙業界の合従連衡が進む第二ラウンドのゴングが鳴るキッカケにすぎなかったのかもしれない。

「5つの力」の各要素が、今後の時間の経過の中でどのように変化し、それに対して業界各社がどのような行動を取るのか。そしてその結果として、各社の会計数値がどのような変貌を遂げるのか。5つの力の姿をイメージに持ちながら、今後の国内製紙業界の動向を定性面、定量面から注目していこう。

QUIZ ④

製紙業界の例にならって、あなたの会社の業界について5つの力を用いて分析してください。

①「5つの力」のそれぞれの脅威が高い理由、低い理由は何でしょうか。

②そうした脅威は、具体的にどのような姿となって決算書上での数値となって現われているでしょうか。決算書上の費用や資産といった数値そのものに加えて、利益率や成長率の観点からも考察してみましょう。

◉ 6章のまとめ

■ 製紙業界の5つの力を描くと、代替品を除くどれもが厳しい環境下に置かれていることが分かる。結果として、景気回復期で主要企業の売上は成長しているが、利益は右肩下がりを続ける増収減益傾向である

■ 製紙業界として当面打てる手段には、買い手に対する地道な値上げ交渉、設備更新による効率化の推進、さらなるコスト削減、海外市場への販路開拓など。しかし、いずれの策でも、現在の業界の混迷から抜け出すのは難しい。業界全体の供給量をコントロールし、製造コストを適正に売値に転嫁できる体制を構築することが望まれる

■こうした厳しい業界の環境下にあって、二〇〇六年七月の敵対的TOBが起きた。大局的な視点に立てば、敵対的TOBは製紙業界の合従連衡が進む第二ラウンドのゴングが鳴るきっかけともとれる

7章

バリューチェーン〈導入編〉

1 経営戦略の違いが生み出すPLの相違

QUIZ ⑤

X社とY社は同業他社です。X社とY社の売上高営業利益率はともに一〇%なのですが、X社は売上高総利益率（以降、「粗利益率」または単に「粗利」とも呼ぶ）が六〇%であるのに対して、Y社の売上高総利益率は二〇%です（図表7-1参照）。このような両社の各利益率の違いは、たとえば、どのような戦略の違いが背景にあると考えられますか？　論理的に考え、できるだけシンプルに、かつできるだけ多く、戦略の違いを述べてください。（制限時間一〇分）

図表 7-1　X 社と Y 社の PL

	X 社	Y 社
売上高	100%	100%
売上原価（▲）	40%	80%
売上総利益	60%	20%
販売費及び一般管理費（▲）	50%	10%
営業利益	10%	10%

企業内研修で会計クラスを担当する場合、与えられた時間は限定的だ。たとえば、九時から十七時の一日の中で、PL、BS、キャッシュフロー計算書の三つの財務諸表を学び、そこから計算される会計指標を習得した上で、その後、競合二社比較などのケーススタディをすることもある。必然的に受講者がクラスの当日までにいかに事前学習してくるかが、研修成功の重要な要因となる。そのために受講者に対していくつかの事前取組課題を課すことが一般的だ。本設問は、その中のひとつである。

この設問で私が受講者に期待しているのは、完全な正解を準備してくることではない。そもそも絶対の正解など存在しないのが経営の世界なのだ。大切なことは、ここまでの記述とまったく同一で、受講者がいかに自分の頭で論理的に考え、自らの結論を導いたかにある。読者の皆さんも一週間後に控えた企業内研修の事前取組課題だと思って、まずは二〇分間、自分の力で本設問を考えてみよう。

ありがちな答え、そしてその答えに対する私との問答をここに再現してみる。3章でトヨタ自動車に関する仮説をたくさん立ててくれたAさんの同僚、Bさんに聞いてみる。なお、ビジネススクールの場では多数の受講者と講師、または受講者間でこうしたディスカッションをするところだが、書籍という都合上、ここでは受講者と講師の一対一のやりとりとして記述する。

大津　Bさんは、どんなストーリーを準備してきました？

Bさん　はい、これはけっこう自信があります。まずX社は、Y社に比べて原価が少ないですから、モノづくりにはあまりお金をかけていないんです。ただ、その結果としてあまり質の良いモノが作れないので、営業マンとか広告宣伝とか、要は販売活動にたくさんのお金を使わなくてはいけない。だから販管費がY社に比べると膨れているんです。

大津　なるほど。では、それに対するY社は？

Bさん　はい、Y社はその逆で、モノづくりにすごくお金をかけているんです。原材料の質が良いとか、最新設備を保有して品質の向上を図っているとか。だから原価が重たいんです。その代わり、販管費は圧縮できます。なぜなら製品の質が良いので、販売活動に特に力を入れなくても、黙っていても売れていきますから。

大津　なるほどねー。つまりY社のほうが質の良いモノをつくっていると。

Bさん　はい。

大津　他の皆さんは、今のBさんの意見に納得ですか……？　私はひとつ疑問があります。Bさんは X社よりY社のほうが、モノづくりにお金をかけているとしましたね。質の良い原材料とか、最新設備による品質の向上とか。ただ、その結果としてY社のほうが良いモノをつくっているのなら、Y社のほうがX社より高い値段でモノが売れているんじゃないの？　そもそも良いモノを作ろうとするのは、良い値段で売りたいからでしょう？　であれば、質が良いモノをつくっているのは、むしろ粗利の高いX社のほうではないですか？

Bさん　ああ、じゃあ、こういうことにします。Y社は確かに良いモノをつくっているんですが、まだスタートアップで会社の規模が小さいので、顧客に対する交渉力がないんです。だからいくら良いモノをつくっていても、それを値段に反映することができてないんです。

大津　うーん、スタートアップの段階にもよるけど、歴史の浅い会社が、今度は販売や一般管理にあまりお金をかけなくてもモノが売れているという状況があまり信用できないな。

Bさん　いえ、でも私の取引先にそんな会社があるんですよ。

大津　もちろん、そんな会社は世の中を探せばたくさんあるだろうね。でも、事前課題の設問をもう一度読んでみよう。「戦略の違い」「論理的に考え」「できるだけシンプルに」とある。Bさんの立てた仮説のように、製品の品質の違いや会社の大きさの違いなど、いくつもの要因が入ってしまうと、本設問で問われている二社の戦略の違いがあまり明確でなくなってしまう。「ここはこうで、あそこはああで……」だと、「ああ、そんな会社あるよね」で終わってしまうわけ。それに、厳密にいうと、Bさんの仮説は戦略の違いではなく、スタートアップか否かという会社の歴史の違いだよね。

Bさん　なるほど。

大津　でも、自分の力で考え、自らの結論をしっかり持って研修に取り組んだのはすばらしいこと。そして、ここで一度否定されれば、今度はもっと深く考えるようになるでしょう。それがこの設問の狙いであり、学びの場の目的です。それから、こうした戦略の違いを考察する場合には、経営戦略のフレームワークを用いるのが有効なんだ。モレなくダブりなく、たくさんの仮説を立てることができるはず。では、その解説に入っていきましょう。

2　バリューチェーンで戦略を分析する

企業の事業活動を分析するためのフレームワークのひとつに、ハーバード大学教授のマイケル・ポーターによる**バリューチェーン（付加価値連鎖）**がある。

事業活動の流れを、バリュー（価値）のチェーン（つながり）として分解し、企業がどこに戦略としての競争優位性を見出したり、逆に重要性を下げているかを分析できる。図表7-2に示した流れはあくまでひとつの例で、事業内容によってその中身は変わってくる。ここでは【Quiz⑤】で扱った原価率と販管費率に影響を与えうる要因について、バリューチェーンを用いて、その背景と事例を個々に考えていくこととしよう。

図表7-2に示したバリューチェーンでは、物理的なモノの流れに着目しているが、こ

図表 7-2　バリューチェーン

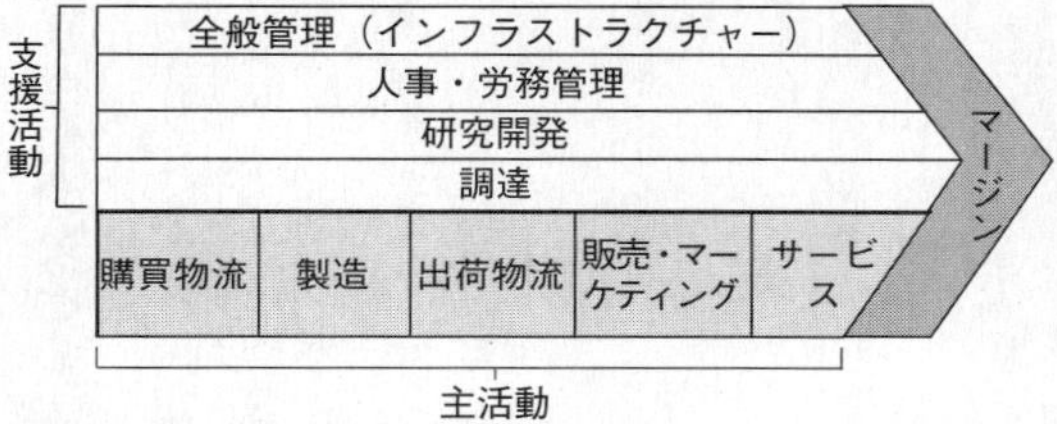

（出所）M・E・ポーター『競争優位の戦略』

図表 7-3　バリューチェーン

ここでは原価率と販管費率に影響を与える主要な要因として、図表7-3に示した四つの項目にフォーカスしていく。具体的には、研究開発によって生まれた製品を製造し、プロモーション・販売活動によって認知を図った上で、販売チャネルを介して販売するという流れである。

ここで今一度【Quiz⑤】に挑戦してみたい。図表7-3に示した四つの箱のそれぞれを独立した原因として（それ以外はすべて同一と仮定して）、X社とY社のような利益率の異なる同業二社があるとする。四つの箱それぞれについて、具体的な背景を説明してみよう。可能であれば、実際にそうしたことが起きている業界や企業名まで想像の域を広げていこう。

次の8章では、四つの箱について、ひとつずつ考察していくこととする。

◉ 7章のまとめ

■ バリューチェーンを用いることで、事業活動の流れを、バリュー（価値）のチェーン（つながり）として分解し、企業がどこに戦略としての競争優位性を見出すか、逆に重要性を下げているかを分析できる

■ 同業他社であっても、戦略が異なれば利益構造は異なる。常に戦略を念頭に置きながら、PLを考察すること

8章

バリューチェーンで競合二社の経営戦略を分析する

1 研究開発戦略の相違がもたらす利益率の違い

QUIZ ⑥

同業界にあるX社とY社の利益率は、図表8-1の通りです。二社の利益率の構造が異なっている主たる要因が**研究開発戦略**にあるとした場合、どのような仮説が立ちますか？（制限時間　一〇分）

図表8-1　X社とY社のPL

	X社	Y社
売上高	100%	100%
売上原価（▲）	40%	80%
売上総利益	60%	20%
販売費及び一般管理費（▲）	50%	10%
営業利益	10%	10%

日本国内で研究開発にもっとも多額のお金を使っている企業は、いうまでもないがトヨタ自動車だ。二〇〇七年度には連結ベースの研究開発費が一兆円前後に達するものと予測されている。しかし売上高が二〇兆円をはるかに上回るトヨタにとっては、一兆円の研究開発費は売上のわずか五％にも満たない投資だ。本設問では金額ではなく、率を中心に議論している。そこで、ここでは売上に対する研究開発費の比率が高い医薬品業界で考えてみることとしよう。

「医薬品業界の競争優位の源泉は何ですか？」と問われれば、読者の皆さんは何と答えるだろうか？　自分が働く業界ならいざ知らず、薬のユーザーではあっても医薬品業界で働く人間でもなければ、競争優位の源泉など真剣に考えることはまずない。ただ、幸いにして薬そのものは私たちにとって身近な存在である。であれば、言葉をもっと平易にして問いかけてみることが大切だ。

「医薬品業界の競争優位の源泉は何か？」　ではなく

①「なぜ薬を飲むのですか？」（ＷＨＹ？）

②「その薬を選ぶ基準は何ですか？」（ＷＨＹ？）

③「薬の業界って儲かっている？　儲かっていない？　なぜ儲かっている（儲かってい

ない）？」（WHY？）

④「その儲かる（儲からない）状態って、今後も続くもの？　続ける（打開する）ために何が必要？」（SO WHAT？）

この四つの質問は、あらゆる業界の構造を考える上でのスタート地点として有効である。右記の「薬」を、自分の業界の製品やサービスに置き換えて問いかけてみるとよいだろう。

では右記の質問について、今度はAさんの同僚のCさんに問いかけてみよう。

大津　**Cさんはなぜ薬を飲むの？** WHY?

Cさん　それは、病気を治すためですよ。

大津　そうですよね。薬に期待しているのは、病気を治してくれること、病状を和らげてくれることに決まっています。**では、その大事な薬を選ぶ基準は？** WHY?

Cさん　ドラッグストアで買う風邪薬なんかは、大体いつも決まったブランドですね。何となくそれが私の体によく効くようなので。でもお医者さんからもらう薬は、ブランドを選ぶのは私じゃないですよ。お医者さんです。考えてみれば、ユーザーである私が自分で選ばないのは、おかしな話ですけど。

大津　選べないわけでもないけど、実際はお医者さんの指示通りが多いよね。じゃあ、**お**

医者さんは、なんでそのブランドを使うんだろ？ WHY?

Cさん　特定の疾患に対する唯一の薬だったり、圧倒的に効能がすぐれた薬だったら別でしょうけど……。やっぱり、医薬品会社のＭＲ（営業担当者）が、足しげく通って営業した結果じゃないんですか。

大津　そうすると営業の人数が多くなるから、販管費の人件費はけっこう膨らむのかな。ところで、さっきドラッグストアで購入する薬の話もあったけど、そこにはお医者さんがいるわけではないよね。**ドラッグストア自体は、どうやってブランドを選んでいるんだろう？** WHY?

Cさん　たくさん売りたいのだから、たくさん売れそうなブランドをきっと置きますよ。売れ筋の商品とか、皆が知っているブランドとか……。コマーシャルが大量に流れているのなんかもいいですよね。それだけ顧客に認知されているし。

大津　でも、同じ風邪薬でも有名なブランドはたくさんあるよね？　**ドラッグストアはその優先順位はどうするんだろう？** WHY?

Cさん　そうなってくると、リベートをたくさん出すメーカーのブランドを優先するんじゃないでしょうか？　リベートをたくさん出してくれた商品を目立ちやすい棚に置いてあげるとか、スペースをたくさん確保してあげるとか、チラシに大きく載せてあげるとか。

大津　そうだね。それに、最近はドラッグストア自らプライベートブランド（ＰＢ）の薬をつくったりしている。メーカーと小売の協業関係が競合関係になってしまうわけだから、メーカーは小売が喜ぶようなことをしてあげないといけない。

Cさん　どこの業界も厳しいんですねー。

大津　他の業界で起きていることは客観的な視点で分析し、客観的な提案ができる点で有効だね。で、**薬の業界って儲かっている？　儲かっていない？** WHY?

Cさん　ものすごく儲かっています。

大津　**なぜ儲かっている？** WHY?

Cさん　ちょっと悪い言葉ですが、「薬九層倍《くすりくそうばい》」なんて言いますよね。原価に比べて、すごく高い値段で薬を売っていると。

大津　**なぜ高い値段でも、薬って売れるの？** WHY?

Cさん　それはー、付加価値があるからですよ。

大津　付加価値って何？　そういう抽象的な言葉は**思考停止用語**といって、もっとも気をつけないといけない言葉。そうした言葉を使っておくと、何となく物事が解決した気分になってしまう。他にも「戦略的に…」とか「シナジーを活かして…」とか「企業価値の向上のために」とか。どれも聞こえはいいけど、具体的に何なのかがまったく見えてこない。では、もう一度。なぜ高い値段でも、薬って売れるの？

Cさん　それは研究開発にものすごいお金がかかるからじゃないですか？　その分を値段

に上乗せしているわけです。
大津　なるほど。そうすると、薬九層倍でもなくなってくるのかな。研究開発費は原価に入らないことは1章で触れたね。つまり、原価に対しては薬九層倍であっても、原価ではなく販管費に含まれる研究開発費まで含めると、もはや薬九層倍ではないと。
Cさん　そういうことになりますね。
大津　それから研究開発にお金を使えば、それを値段に上乗せできるって言ってたけど、そうじゃない業界もたくさんあるよね。たとえば薄型テレビ業界なんて、研究開発のために莫大なお金を使っているのに、値段は下がるばかりだよ。
Cさん　競争関係の違いじゃないですか。薄型テレビ業界は一流メーカーがひしめいてますから。
大津　医薬品業界も一流メーカーがひしめいているよ。その違いは何？　ではヒント。そもそも薬の値段って、誰が決めているの？
Cさん　そうか、たしか厚生労働省が決めているんですよね。
大津　そう、ドラッグストアで売っているような一般大衆薬は別だけど、医療用医薬品の値段は国が決めているんだ。しかも特許によって一定の期間（通常二〇～二五年）は守られているから、その間は他のメーカーは同じ薬をつくることはできない。
Cさん　だから薄型テレビ業界のような価格競争は起きないのですね。

大津　それでも、国が設定している薬の値段はやっぱり高いよね。**なぜ国は医薬品業界に対してそんなに手厚いの？** WHY?

Cさん　それはやっぱり、研究開発に莫大なお金がかかるからだと思います。しかも新しい薬を開発して製品化するのって、宝くじを当てるより難しい確率だって聞きますから。

大津　そうだね。ひとつの新薬を世の中に出すために投じる研究開発費は数百億円。良い薬が出てこなければ、日本、そして人類の医学の発展もないし、ひいては私たちの健康が脅かされることになるからね。国は医薬品業界をある程度守っていく義務を負っているともいえる。では、医薬品業界って安泰なのだろうか？　**儲けの構造はいつまでも続くものなの？** WHY?

Cさん　効き目が似通った薬をつくる競合は、きっとたくさんありますよね。外資も国内にたくさん入ってきているでしょうし。それに特許も切れますから。特許が切れれば誰でもその薬を作ってよいことになるのだから、そうすれば今度は価格競争になるんじゃないでしょうか？　そうしたビジネスモデルを持ったジェネリック医薬品というのを聞いたことがあります。

大津　薬の特許が切れた後で、他社が後発医薬品として製造・販売する薬をジェネリック医薬品というんだね。後発医薬品のほうが研究開発にコストがかかっていない分、安価で販売できる。いま国を挙げて、このジェネリック医薬品の普及を目指そうとしている。

Cさん　何でまた国はジェネリック医薬品を後押しするんですか？

大津　高齢社会を迎えた日本では、国民の医療費の負担をとにかく軽減していかなくてはいけない。そのための施策が国によるジェネリック医薬品の推奨なんだ。それから、国はまだ特許期間が切れていない薬の薬価も徐々に切り下げようとしている。

Cさん　えらい利益率の高い業界でうらやましいなーと思ってましたが、だんだん厳しくなってるんですね。

大津　オッケー。では、ここまでのCさんとの議論を整理していくことにしよう。

医薬品業界に関する問いかけ	⇩	**Cさんとの対話によって生まれた仮説**
▼なぜ薬を飲むのですか？		・病気を治す薬 ・症状を和らげる薬
▼その薬を選ぶ基準は何ですか？		〈一般大衆薬（ドラッグストアなど）〉 ・自分によく効く薬 ・店が勧める薬（棚、キャンペーン）

	・広告宣伝（TVコマーシャル、チラシ）で認知している薬 〈医療機関で処方される薬〉 ・医者が指示する薬
▼薬の業界って儲かっている？ 儲かっていない？ なぜ儲かっている（儲かっていない）？	・特許による一定期間の保護や、国による高い薬価設定によって、総じて儲かっている ・原価に比べて売値が高いので、粗利ベースでの利益率は高い ・研究開発費が含まれる販管費に莫大なお金を投下
▼その儲かる（儲からない）状態って、今後も続くもの？ 続ける（打開する）ために何が必要？	・特許が切れればジェネリック医薬品会社の参入で価格競争もある。国もそれを後押し ・外資の国内参入は顕著 ・国による薬価の引き下げ圧力

では、あらためて最初の質問であった「医薬品業界の競争優位の源泉は何ですか？」といま一度問いかけ、その優位性を獲得・維持するのに必要な投資を書き出してみることとしよう。

Cさんとの対話によって生まれた仮説	⇩ 医薬品業界の競争優位の源泉	⇩ 発生する投資（費用）
●病気を治す薬 ●症状を和らげる薬 ●自分によく効く薬	病気を治癒・緩和する機能を持った薬の開発と上市力	研究開発費
●店が勧める薬（棚、キャンペーン） ●広告宣伝（TVコマーシャル、チラシ）で認知している薬 ●医者が指示する薬	マーケティング力	●販売促進費（リベート） ●広告宣伝費 ●人件費（MR）
●特許が切れればジェネリック医薬品会社の参入で価格競争もある。国もそれを後押し ●外資の国内参入は顕著 ●国による薬価の引き下げ圧力	競争優位性のある薬を継続的に市場に維持・創出する力	自社研究開発に加えて、 ●M&Aによる企業規模の拡大 ●創薬のタネを外部から購入 ●製品ライフサイクルの延命化

図表 8-2　武田薬品の 2007 年3月期連結損益計算書

区　分	自 2006 年 4 月 1 日 至 2007 年 3 月 31 日 金額（百万円）		百分比 （%）
Ⅰ 売上高		1,305,167	100.0
Ⅱ 売上原価		279,662	21.4
売上総利益		1,025,505	78.6
Ⅲ 販売費及び一般管理費		567,005	43.5
宣伝費	36,467		2.8
販売促進費	43,884		3.4
運送・保管費	6,720		0.5
給料	67,168		5.1
賞与金及び賞与引当金繰入額	33,258		2.5
退職給付費用	2,113		0.2
研究開発費	193,301		14.8
その他	184,094		14.1
営業利益		458,500	35.1

ジェネリック医薬品や外資の参入による競争の激化と薬価引き下げによって、国内の医薬品会社の高利益率はもはや永久に保証されるものではないことが分かった。よって、競争優位性のある薬を継続的に市場に創出していくことが求められてくる。そのためには、自社による研究開発投資のみならず、M&Aや製品ライフサイクルの延命化のための投資を、大規模かつ永久におこない続けなければならない業界である。

　ではここで、国内医薬品会社最大手の武田薬品工業の連結損益計算書（PL）を見てみることにしよう。ここまで決算書を見ないで話を進めてきたが、読者の頭の中には医薬品会社のPLが既にイメージできているだろうか。「見てから考える」のではなく、「考えてから読む」のは、本章においてもまったく同一である。

まず粗利が七八・六%という驚異的な高さにあることが確認できる。先に述べた一般的な製造業の平均値である二〇〜三〇%が、武田薬品の場合は原価率の数値となっている。逆に、一般的な製造業の原価率が、武田薬品の粗利益率というわけだ。

それに対して、販管費はどうだろうか。売上の四三・五%という非常に高い数値を示している。粗利が二〇〜三〇%の平均的な製造業であれば、万年赤字となってしまうほどの販管費の大きさだ。これだけの販管費を必要とするのであれば、粗利をしっかり確保しなくてはいけないこともうなずける。

販管費の中身を見ることで、武田薬品がお金を使っているものは、先に挙げた医薬品業界の競争優位の源泉に合致していることが確認できる。もっともお金を使っているのは、売上の一四・八%に相当する研究開発費。続いて給料、賞与金及び賞与引当金繰入額、退職給付費用の三項目を合算した人件費に七・八%。次に販売促進費に三・四%、そして宣伝費二・八%と続いている。特許権等使用料などが含まれる「その他」の金額が大きいことは若干気になるが、その他はあくまでその他のすべての費用の合計であって、特定の費目で突出していることは通常ない。

潤沢な粗利から莫大な研究開発費を含む販管費を差し引いたが、それでも営業利益は三五・一%と売上の三五%を超えている。ちなみに医薬品業界の営業利益率の平均値はお

図表8-3　A社とB社のPL

	A社	B社
売上高	100%	100%
売上原価（▲）	21.4%	50.6%
売上総利益	78.6%	49.4%
販売費及び一般管理費（▲）	43.4%	35.7%
営業利益	35.1%	13.7%

おおむね二〇%である。よって、一般的な製造業の優良ベンチマーク一〇%と比べても当業界は利益率が高いこと、そしてその中でも武田薬品の利益率が優れていることが確認できる。武田薬品は、製品力の強さによって、業界より高い粗利益率と業界より低い販管費率を同時に達成している。

それでは、【Quiz⑥】に戻ろう。武田薬品に代表される大手医薬品会社がX社かY社かと問われれば、原価率は低い（粗利益率が高い）が販管費率の高いX社となる。では同じ医薬品業界でありながら、Y社のように原価率は高い（粗利益率は低い）が、販管費率は低い会社はどのようなビジネスモデルを保有するのだろうか。

上のA社はあらためて、武田薬品の収益構造を並べたものであるが、B社は同じ医薬品業界に存在する、ある企業の収益構造である。A社に比べると原価率が倍以上かかっているため粗利は医薬品会社にしては低めの四九・四%だが、販管費率を抑えることで営業利益率一三・七%を達成している。A社が粗利の高いX社なら、B社は粗利の低いY社といってよいだろう。そして、Y社がジェネリック医薬品会社である。

図表8-4　沢井製薬の2007年3月期連結損益計算書

区　分	金額（千円）		百分比（%）
	（自2006年4月1日 至2007年3月31日）		
Ⅰ 売上高		34,316,878	100
Ⅱ 売上原価		17,356,832	50.6
売上総利益		16,960,045	49.4
Ⅲ 販売費及び一般管理費		12,267,274	35.7
給料及び手当	2,520,763		7.3
広告宣伝費	1,275,958		3.7
業務手数料	1,236,131		3.6
減価償却費	265,598		0.8
試験研究費	3,085,498		9.0
賞与引当金繰入額	392,971		1.1
役員賞与引当金繰入額	47,570		0.1
退職給付費用	156,940		0.5
役員退職慰労引当金繰入額	19,045		0.1
貸倒引当金繰入額	54,570		0.2
その他	3,212,230		9.4
営業利益		4,692,770	13.7

　図表8-4はジェネリック医薬品国内最大手の一社、沢井製薬の二〇〇七年三月期のPLだ。まず粗利が四九・四%と武田薬品に比較して三〇%近く劣っていることが確認できる。ジェネリック医薬品会社は特許が切れた薬を製造し、低価格で販売することがそのビジネスモデルである。低価格であることが競争優位の源泉のひとつなのだから、当然ながら粗利は低めとなる。

　それに対して販管費率は三五・七%だ。一般的な製造業からすれば、やはり高い水準といえるが、武田薬品に比べると七・七%少ない。試験研究費の売上に対する比率は九・〇%と、武田薬品の半分程度にとどまってい

図表8-5　研究開発戦略の相違がもたらす粗利益率と販管費率

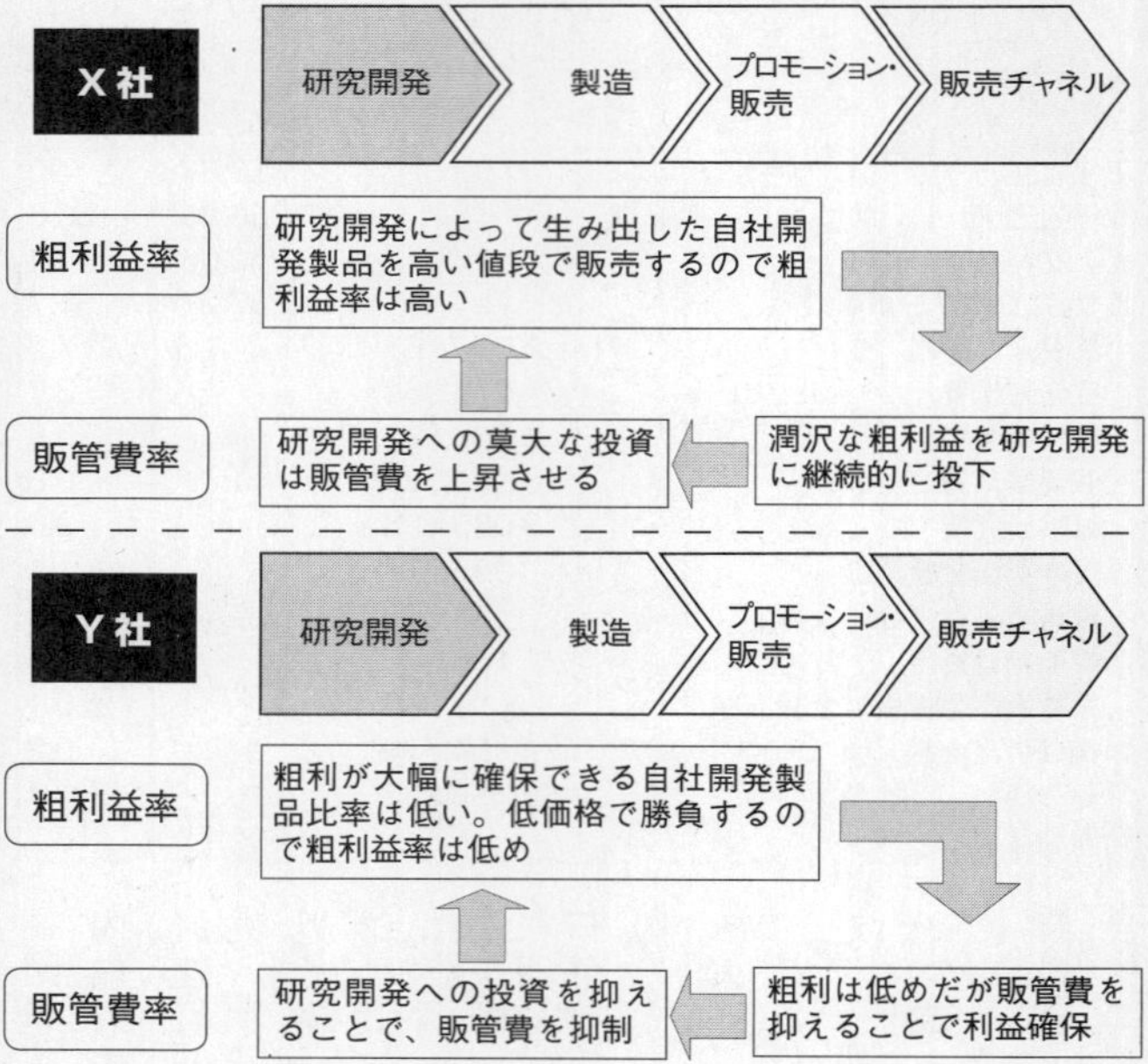
X社
研究開発
製造
プロモーション・販売
販売チャネル
粗利益率
研究開発によって生み出した自社開発製品を高い値段で販売するので粗利益率は高い
販管費率
研究開発への莫大な投資は販管費を上昇させる
潤沢な粗利益を研究開発に継続的に投下
Y社
研究開発
製造
プロモーション・販売
販売チャネル
粗利益率
粗利が大幅に確保できる自社開発製品比率は低い。低価格で勝負するので粗利益率は低め
販管費率
研究開発への投資を抑えることで、販管費を抑制
粗利は低めだが販管費を抑えることで利益確保

る。金額は三〇億円で、薬の開発投資に要する規模を考えれば、とても新たな薬を開発しようとするような水準にはない。しかも厳密に言えば、「開発」ではなく「試験」のための費用となっている。

これに対して給料及び手当、賞与引当金繰入額、退職給付費用を合わせた人件費は八・九％と試験研究費に匹敵している。これは両社に七％の差があった武田薬品とは明らかに異なる事実だ。沢井製薬の場合は医療用医薬品に特化し、一般大衆薬は扱っていないものの、最近TVコマーシャルをときおり目にするように、自社名の認知度アップのための広告宣伝費に一二億円（売上比三・七％）使っているのも同社の特徴といえるだろう。

以上、研究開発に関する戦略の相違が原価率と販管費率に与える影響を見てきた。自社の研究開発投資から高い粗利を確保しているX社と、他社の研究開発による成果を活用し、低価格で勝負しているY社である。これを図表8-5にまとめる。

最後に、7章の冒頭にあったBさんと私の問答を思い出してほしい。Bさんは品質の良いモノをつくっているのがY社で、X社は品質が劣る会社だとしていた。医薬品業界の事例に照らし合わせると、Bさんは**売値**という大切な概念をまったく考えていなかったことがあらためて浮き彫りになった。

医薬品業界の二社の事例では、品質の違いまでは言及できないが、少なくとも自社の研究開発力によって粗利益率の高い自社製品を作っているのは、Y社ではなくX社であることが確認できた。

2 製造戦略の相違がもたらす利益率の違い

QUIZ ⑦

同業界にあるX社とY社の利益率は、図表8-6の通りです。二社の利益率の構造が異なっている主たる要因が**製造戦略（自社製造または外注）**にあるとした場合、どのような仮説が立ちますか？（制限時間 一〇分）

図表8-6　X社とY社のPL

	X社	Y社
売上高	100%	100%
売上原価（▲）	40%	80%
売上総利益	60%	20%
販売費及び一般管理費（▲）	50%	10%
営業利益	10%	10%

製造戦略の違いと言ってもさまざまな切り口の考察が必要だが、ここでは自社で製造しているのか、あるいは他社に製造委託、つまり外注しているかの違いにフォーカスして考察していこう。今度はDさんに登場してもらう。

大津　ずばり、自社で製造しているのはX社？　それともY社？

Dさん　それは、X社ですよ。だって、自分でモノづくりしているのに、Y社みたいに粗利が低かったら、まるで踏んだり蹴ったりですから。

大津　確かにそうだね。一般に卸売業より製造業の粗利が高いのは、自分でモノづくりをしているほうが、右から左にモノを流す仲介事業の卸よりも利幅が取れるということだね。

Dさん　はい。製造業のほうが薄利になってしまったら、もはや誰も製造業なんかしなくなりますよ。

大津　では、卸ではなく製造業なのだけど、すべてを自社では製造しない、つまり製造の中の特定のプロセスを外注したりする場合はどうだろう？

Dさん　その場合でも、やっぱり自分で製造しない以上は、粗利は低くなるんじゃないですか？

大津　では、そもそも企業はなぜ製造を外注するの？

Dさん　それは自社ですべて抱えるより、外部に製造委託するほうが安くなるところは外注しているんですよ。
大津　だったら、外注したほうが粗利は高くなるのでは？
Dさん　あれ、それもそうだな……？
大津　つまり、外注したら粗利が下がるとか、上がるとか、一概には言えないということでしょう。それは外注先との力関係にもよるし、市場の需給関係にもよるし、それに自社の製造工場の稼働率にもよる。稼働率が低ければ規模の経済が働かないので、原価に占める固定費の負担が大きくなるからね。
Dさん　ということは、X社とY社のどちらが自社製造か、断定できないということですか？
大津　そういうこと。でもコスト削減のメリットがあるから、自分で製造せずに外部に委託しているのなら、それによって粗利がアップしていないと外注戦略が成功しているとは言えないだろうね。ところで今までは粗利の話だった。販管費率の高低には、どう結びつくだろう？
Dさん　製造を外部に委託することで浮いたお金を、販管費の中の特定の費用に集中的に投下できる……、なんてストーリーじゃないでしょうか。
大津　良い着眼点だね。販管費の中の特定の費用にお金をたくさん使いたい。だから製造にはあまりお金を使いたくない。そこで製造は外部に委託する。そしてそれがけっこう安くて済む。あるいは高い売値が設定できるから、相対的には大した製造コストではない。そんなストーリーはないだろうか？

Dさん　研究開発費はさっきやったから、順番からすると人件費か販売関連の費用でしょうか。でも販売の費用といっても、いろいろあるしなー。

大津　たとえば、広告宣伝や販売促進など、広くプロモーション関連コストだとすると？

Dさん　プロモーションにお金を使うことで製品をアピールするということですね。でもそれがどうやって製造の外注の話につながるのか、ピンと来ません。

大津　確かに、これはケース・バイ・ケースでもあるね。あくまでひとつのケースとして分かりやすい事例を紹介してみることにしよう。ところでDさんは、ビールはどの銘柄が好き？

Dさん　何ですか、唐突に？　晩酌にビール一缶は毎晩飲みますけど……。

大津　最近流行のプレミアムビールなんかも飲むの？

Dさん　ええ、週末は自分へのご褒美として、夫婦でプレミアムビールにしています。ちょっとした贅沢です。

大津　プレミアムビールの銘柄はどうやって選ぶの？

Dさん　いろいろと試しましたけど、やっぱり味と宣伝のイメージかなー。

大津　味は各社違うと？

Dさん　全然違いますよ。でも、宣伝のイメージも大きいかな。「最高」って？　ところで、私のビールの好みと会計の話がどうやって結びつくんですか？

大津　ビールといってもさまざまな銘柄があるし、発泡酒や雑酒（第三のビール）まで含めると、その範囲はかなり広がるね。またプレミアムビールに代表されるように、ビールの中でも階層ができている。そしてDさんのように、TPOに応じて、飲むブランドを使い分けているわけだ。顧客の嗜好が多様化しているのだから、会社も銘柄も多様化していて当然。でもその多様化は、確実にPLの収益構造の違いに現われるわけだね。

狙う市場と収益構造の違い

図表8-7に示したA社とB社は、米国ビール業界に実在するビール会社二社の直近の収益構造だ。どちらがアメリカ人が水代わりに飲むような口当たりのよい軽めのビールをつくり、どちらが味わい深く苦味のあるプレミアムビールをつくっている企業だろうか。

もうお分かりだろう。「プレミアム」には、それ相応のプレミアムの値段がつく。原材料のコストもプレミアムだろうが、ビジネスが堅調に回っているのであれば、原材料に使ったコスト以上の売値のアップが実現できているはずだ。そうでなければ「プレミアム」を手がける意味はない。

プレミアムビールを製造しているのは粗利の高いA社であり、B社は一般的な軽い味のビールメーカーとなる。A社はボストンビールという企業で、サミュエル・アダムスというプレミアムビールのメーカーだ。一方のB社は、米国ビール業界最大手で、バドワイザー、ブッシュ、ミケロブなどのビールを製造しているアンハイザー・ブッシュ社である。

図表8-7　A社とB社のPL

	A社	B社
売上高	100%	100%
売上原価（▲）	42.4%	64.7%
売上総利益	57.6%	35.3%
販売費及び一般管理費（▲）	47.8%	18.0%
営業利益	9.8%	17.3%

では、なぜボストン社の販管費率はブッシュ社に比べて高いのだろうか。四七・八％に達しているボストン社の販管費の大部分は、広告宣伝やプロモーションキャンペーン、人件費、POSなどを含むマーケティング・販売活動に費やされている。

日本国内もそうだが、いくらプレミアムビールが好まれているといっても、全体のビール市場の大きさからすればごく小さなシェアである。ましてや米国は、日本人のジュース感覚でビールを飲むような国だから、高価で味が濃い目のビールをそう頻繁には飲まない。あくまでマスの市場は軽い味のビールとなる。

よって、プレミアムビールの良さを広告宣伝やプロモーション活動によって、消費者に継続的に認知させていく必要が生じる。プレミアムの価値が消費者に認められなくなった瞬間に売値は下がり、その結果、粗利は急降下するだろう。こうしたマーケティング活動への巨額の投資が販管費の上昇となって現われた結果、ボストン社（A社）のせっかくの粗利五七・六%も、営業利益の段階では一〇%を切るまでに下がっている。

一方のブッシュ社（B社）の販管費率は、なぜ低いのだろうか。彼らの競争優位の源泉は圧倒的な規模を獲得することによって、製造、物流、プロモーション、販売面での固定費を極限まで低減することにある。そこで低減できたコストを原資として、低価格なビールを提供していく。

プレミアムビールに比べれば値段が安い分、粗利益率は低い。しかしそれを補って余りあるだけの規模を有することで、販管費率を徹底的に押さえ込むことに成功し、その結果、営業利益率ではボストン社に二倍の差をつける一七・三%を達成している。実は、二〇〇六年十二月期のボストン社の売上二億八〇〇〇万ドル（約三四〇億円）は、ブッシュ社の売上の僅か二%にも満たない小ささである。味も値段も入手も手軽であることが、ブッシュ社の強みであり、幸いにして、そこに最大の市場が存在している。その市場をブッシュ社はリードしているのだ。

バリューチェーンのどこに注力するか

さて、前置きが少々長くなったが、ここから本題だ。ボストン社とブッシュ社の製造には大きな違いがある。ブッシュ社は製造業たる製造業で、自ら工場を保有し、自社で製造している。一方のボストン社は、自らの工場も保有しているが、同時に創業以来、契約醸造といって、契約先工場に製造の多くを外部委託する方式を取ってきた。品質の高いプレミアムビールを造るため、どのような原材料を用いるかとか、どのような醸造プロセスを取るべきだとかの指示は、ボストン社が徹底管理・指示している。しかし、物理的な製造そのものについては、契約醸造を有効に活用するのである。

これについてボストン社の創業者会長のジム・コックは「バリューチェーンの中で、私は自分が他の人よりも上手にできることを選びます。私が醸造の構造や技術面を担当する代わりに、彼らは工場を操業するんです」（出所：*The Boston Beer Company. Inc.* Harvard Business School）と語っている。

ボストン社の創業当時は、ブッシュ社とボストン社のちょうど中間に位置するような中堅ビールメーカーが、その中途半端なポジショニングから経営環境が芳しくなかった。製造の稼動が余っている状態なので、そこに安価で製造委託することが可能であった。

プレミアムによる高い売値と安価での製造委託によって獲得した潤沢な粗利を、プレミアムを訴求するため販管費に投下していく。この結果として、ボストン社はX社の姿、すなわち低い原価率（高い粗利益率）と高い販管費率となっているのである。

一方のY社のブッシュ社は、プレミアムビールほどの売値で販売することはできないので粗利は劣るが、市場の規模が比較にならないくらいに大きいので、特に販管費にお

図表 8-8　製造戦略の相違がもたらす粗利益率と販管費率

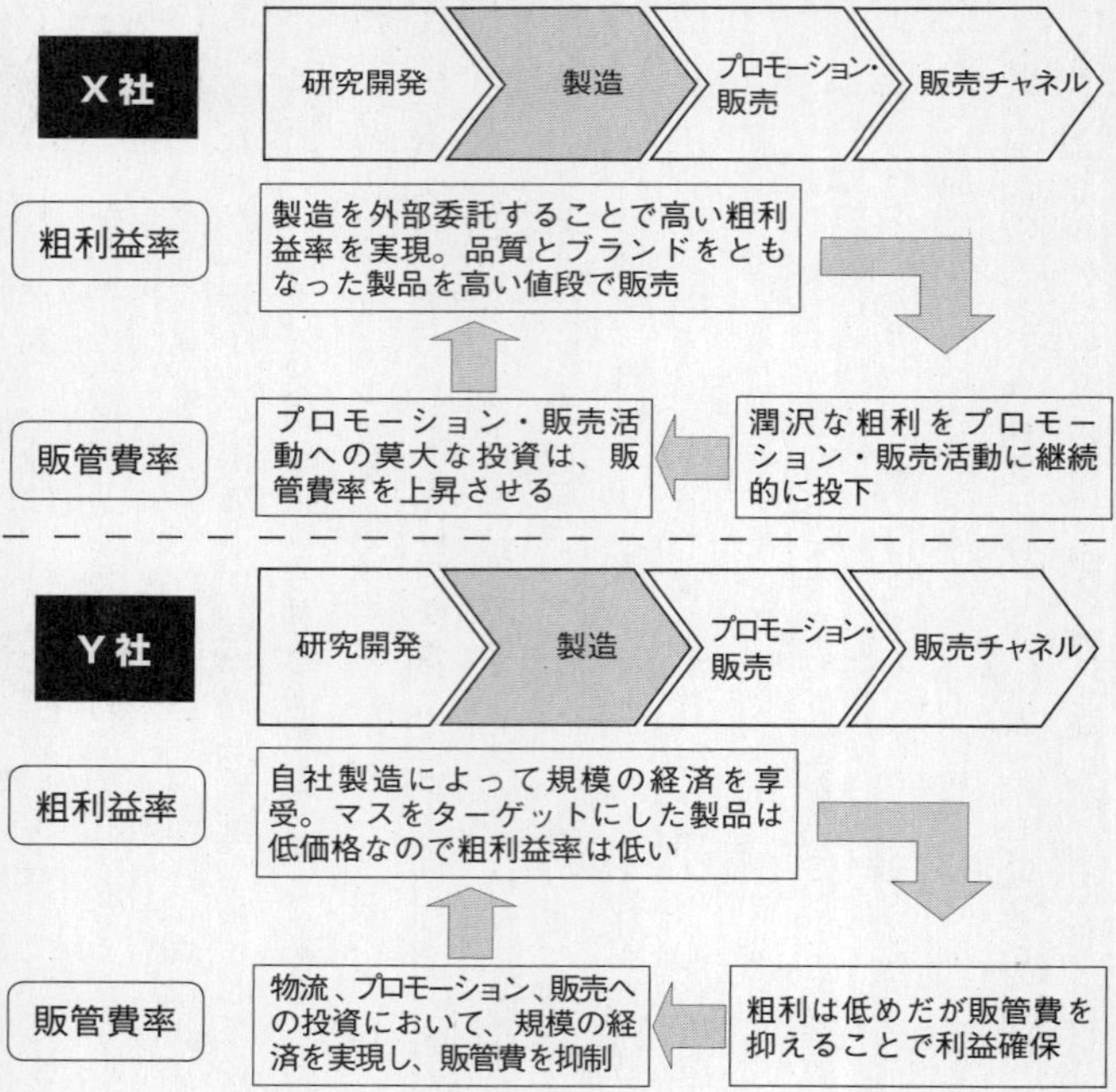
X社
研究開発
製造
プロモーション・販売
販売チャネル
粗利益率
製造を外部委託することで高い粗利益率を実現。品質とブランドをともなった製品を高い値段で販売
販管費率
プロモーション・販売活動への莫大な投資は、販管費率を上昇させる
潤沢な粗利をプロモーション・販売活動に継続的に投下
Y社
研究開発
製造
プロモーション・販売
販売チャネル
粗利益率
自社製造によって規模の経済を享受。マスをターゲットにした製品は低価格なので粗利益率は低い
販管費率
物流、プロモーション、販売への投資において、規模の経済を実現し、販管費を抑制
粗利は低めだが販管費を抑えることで利益確保

ける規模の経済が働く。結果として営業利益率一七・三%という、薄利が常態化している日本国内の食品業界からすれば、うらやむような高利益率を確保できている。

ここまで利益率の話ばかりしてきたが、規模の違いが利益率に大きく影響を与えていることも、米国ビール業界の事例を通して確認することができた。率を議論するときでも、常に規模の違いを見失わないようにしておくことが望まれる。

3 プロモーション・販売戦略の相違がもたらす利益率の違い

QUIZ ⑧

同業界にあるX社とY社の利益率は、図表8-9の通りです。二社の利益率の構造が異なっている主たる要因が**プロモーション・販売戦略**にあるとした場合、どのような仮説が立ちますか？（制限時間　一〇分）

図表8-9　X社とY社のPL

	X社	Y社
売上高	100%	100%
売上原価（▲）	40%	80%
売上総利益	60%	20%
販売費及び一般管理費（▲）	50%	10%
営業利益	10%	10%

競争のルールはひとつではない

製造戦略でケースとして取り上げた米国ビール業界の事例から、【Quiz⑧】に対する答えは比較的容易に想像がつくだろう。つまり、粗利の高いX社はプロモーション・販売活動に多額のお金を投下することで確固たるブランドを構築することに成功。その結果、高い売値の設定が可能となり、高い粗利を確保できているが、販管費の負担も相応に大きくなっている。

これに対して粗利の低いY社はブランド力や営業力には必ずしも優れていない。必然的に仮に同じような品質の製品であったとしても、X社ほど高い売値の設定ができない。結果としてX社に比べると粗利では劣っている。しかしY社の戦略はまさにそこにある。つまり、プロモーション・販売活動への投資を抑えることで、X社に比べると低い粗利を販管費の低減によって補完することで、営業利益を堅実に確保しようというものだ。

ブランド力に優れた大手企業が業界に既に複数存在しているのであれば、真っ向から同じ土俵で対抗するのは競争戦略上、得策ではない。競争のルールを変え、自社が勝てるところで勝負していくことが望まれる。**企業に問われているのは、いかに最終的な利益（ここでは営業利益）を確保するかであって、粗利益率が競合並みに高いかどうかではないのだ。**

流通システムの違いとプロモーション

このようなプロモーション・販売戦略の異なる二社は、多かれ少なかれ、どのような業界にも存在しているのではないだろうか。自社がどちらかと問われれば、X社それともY社に相当するのか、立ち止まって考えてみてほしい。

さて、先に取り上げた米国ビール業界を除いて、国内の身近な業界でこのような競合二社が存在している業界や、具体的な企業名が頭に浮かぶだろうか。

図表8-10 A社とB社のPL

	A社	B社
売上高	100.0%	100.0%
売上原価（▲）	26.7%	50.0%
売上総利益	73.3%	50.0%
販売費及び一般管理費（▲）	66.1%	43.0%
営業利益	7.2%	7.0%

図表8-10に示したのは、同業界にあるA社とB社の損益計算書（PL）だ。A社の粗利は七割を超えている。医薬品業界並みの高い粗利だが、医薬品業界と異なるのは粗利にも匹敵するような販管費への巨額の投資をしていることにある。結果として営業利益率は七・二%に留まり、これはジェネリック医薬品をも大きく下回る水準だ。

A社は、化粧品最大手の資生堂である。A社の資生堂に対してB社に相当する企業、つまり高い原価率（低い粗利益率）と低い販管費率によって営業利益を確保しているような化粧品会社で上場している企業は、残念ながら存在していない。ここでは固有名詞と実際のPLを示すことはできないが、架空の化粧品会社B社を使って議論してみることにしよう。

化粧品業界にはいくつかの流通システムがある。資生堂やカネボウ化粧品、コーセーといった大手メーカーは、「制度品メーカー」と呼ばれる。これは、化粧品メーカーが個別に契約した化粧品専門店に対して、問屋を介さずに商品を直接卸して販売する方式だ。

化粧品専門店は、売上に応じてリベートを得る。メーカーはそうした専門店に対して、商品の他にも什器類や販促物を提供することに加え、カウンセリング販売をするための販売員を派遣する。これらどれもが販管費を押し上げる費用となる。

また、「制度品メーカー」に対して、問屋を介して一般小売店で販売する形態を「一般品流通」と呼ぶ。一般小売店とはドラッグストアやコンビニ、スーパーに該当するもので、制度品に比べると廉価であることが特徴だ。顧客もカウンセリングを介してではなく、自分で手に取って選ぶセルフ購買が主体となる。ドラッグストアやコンビニといった販売チャネルの台頭や消費者ニーズの多様化により、資生堂やカネボウといった大手制度品メーカーも、別会社化するなどしてセルフの市場に力を入れているのが現状だ。

資生堂の販管費の明細を見ると、リベートに相当する売出費《うりだしひ》と給与・賞与がそれぞれ売上の二〇%近くに達しており、この二つだけで売上の三四・五%に当たることが分かる。つまり、販売員の人件費と化粧品専門店、その他小売店や卸に対するリベートが莫大な金

図表8-11　資生堂の2007年3月期連結損益計算書

区　分	自2006年4月1日 至2007年3月31日 金額（百万円）		百分比（%）
Ⅰ 売上高		694,594	100.0
Ⅱ 売上原価		185,532	26.7
売上総利益		509,061	73.3
Ⅲ 販売費及び一般管理費		459,056	66.1
広告費	50,753		7.3
売出費	113,377		16.3
給与・賞与	126,332		18.2
その他	168,594		24.3
営業利益		50,005	7.2

額に達しているということだ。

広告費も売上の七・三%と大きい。化粧品会社のコマーシャルは、インパクトが大きいので印象に残りやすい。しかし制度品メーカーであればカウンセリング型の対面営業が主体となるので、マスに訴えるための広告費は意外と少ないことが多い。資生堂の広告費が比較的大きいのは、広告費のかさむトイレタリー事業（TSUBAKIは有名）も主力事業として営んでいることが影響している。また、セルフ主体になるほど、人件費は減るだろうが逆に広告費が増加する傾向となる。消費者の購買行動の変化から、先に述べたように大手制度品メーカーがセルフのチャネルの比率を高めている。資生堂の広告費の割合も、今後徐々に増加していくことが予測される。

一般品流通の化粧品会社をイメージしたY社はどうだろう。まず原価率は高いといっても五〇%に抑え、結果として粗利は五〇%確保できているとした。低価格で勝負しているジェネリック医薬品会社の沢井製薬でも粗利は五〇%を確保できていたように、医薬品業界、化粧品業界ともに、製造コストと売値の間にはとてつもなく大きなバッファーが存在している。言い換えると、粗利をプラスに保つために与えられた値段の設定幅が、通常の業界では考えられないほど広いわけだ。化粧品会社の大きなお金の使いどころが、原価ではなく販管費にあることは制度品も一般品も実は変わらない。

資生堂と同じ営業利益率七%を確保するために、販管費率は四三%と設定した。先に述べたように、制度品メーカーと比べると、カウンセリング型ではないため、人件費は大きく圧縮できる。その代わり、ドラッグストアやコンビニといった主力チャネルで商品棚の獲得競争は激しく、そこで勝ち抜くためには相応の販促費を小売店や問屋に対して投下していく必要があろう。また、一般消費者に認知してもらい、小売店でのセルフ形式で手にとってもらうためにも、「飛び道具」としての広告宣伝費は売上比で大幅に増やさなくてはいけない。仮に営業利益率一〇%を達成することが企業命題なのであれば、販売数量予測と必要となる販管費から逆算して、売値をどこまで下げることができるか推定することもできよう。

図表 8-12　プロモーション･販売戦略の相違がもたらす粗利益率と販管費率

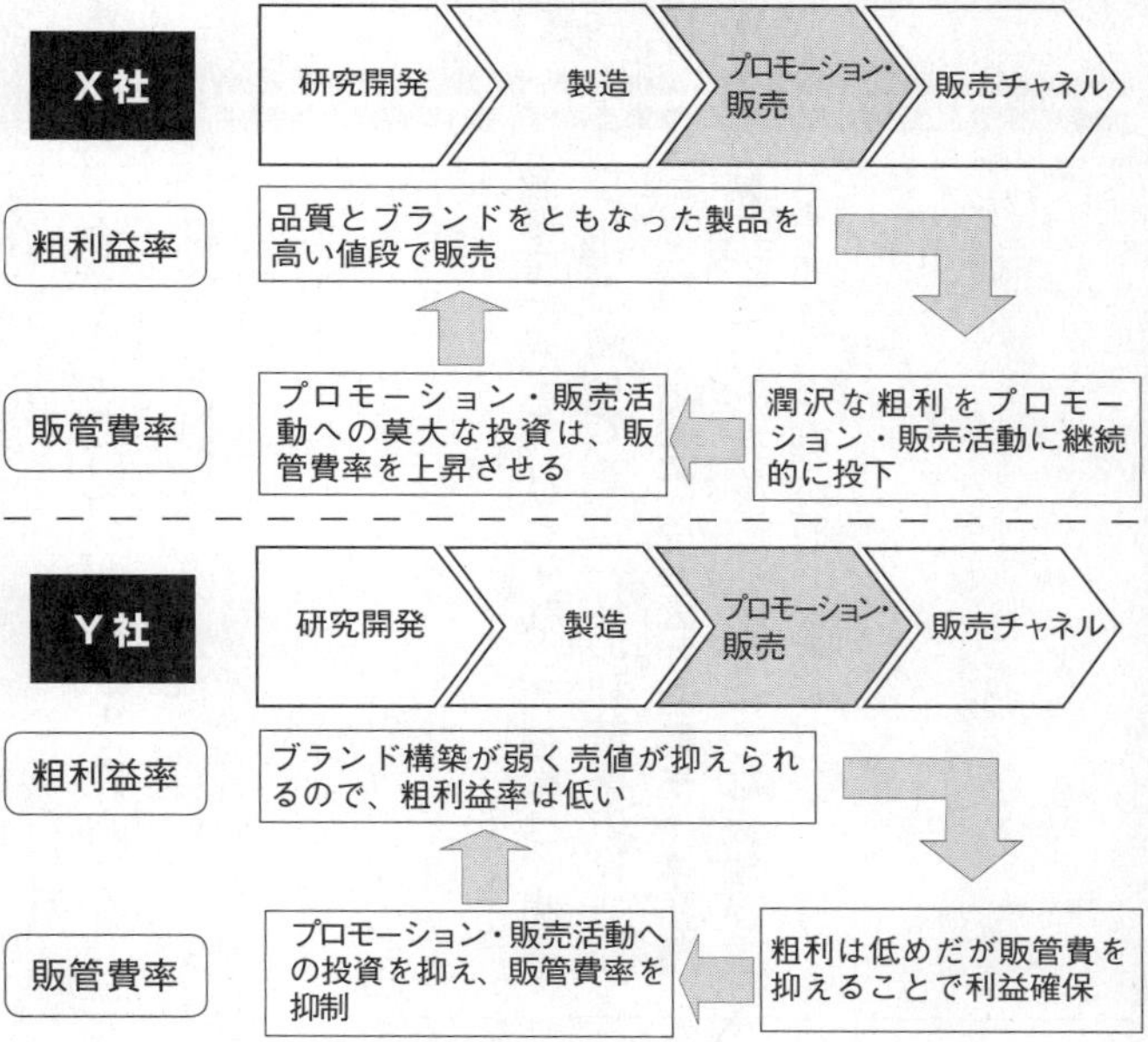
X社
研究開発
製造
プロモーション・販売
販売チャネル
粗利益率
品質とブランドをともなった製品を高い値段で販売
販管費率
プロモーション・販売活動への莫大な投資は、販管費率を上昇させる
潤沢な粗利をプロモーション・販売活動に継続的に投下
Y社
研究開発
製造
プロモーション・販売
販売チャネル
粗利益率
ブランド構築が弱く売値が抑えられるので、粗利益率は低い
販管費率
プロモーション・販売活動への投資を抑え、販管費率を抑制
粗利は低めだが販管費を抑えることで利益確保

4 販売チャネル戦略の相違がもたらす利益率の違い

QUIZ ⑨

同業界にあるX社とY社の利益率は、図表8-13の通りです。二社の利益率の構造が異なっている主たる要因が**販売チャネル戦略**にあるとした場合、どのような仮説が立ちますか？（制限時間　一〇分）

図表8-13　X社とY社のPL

	X社	Y社
売上高	100%	100%
売上原価（▲）	40%	80%
売上総利益	60%	20%
販売費及び一般管理費（▲）	50%	10%
営業利益	10%	10%

販売チャネル戦略の違いについてもさまざまな切り口からの考察が必要となるが、ここでは直接販売、つまり自社が直接、顧客に販売しているのか、あるいは間接販売、つまり自社と顧客の間に第三者となる販売チャネル、具体的には卸、問屋や代理店などが介在しているかの違いを考えていくことにしよう。今度はEさんに聞いてみる。

大津　ずばり、X社とY社は、どちらが直接販売で、どちらが間接販売？

Eさん　X社は間接販売だと思います。先ほどの化粧品メーカーで見たように、販売委託している小売店に対して、巨額の販促費を落としてあげないといけないですから。販促費が、X社の販管費を膨らませているんだと思います。

大津　確かにそうだね。では、それに対するY社のストーリーは？　Y社は直販ということになるけど、なぜ粗利が低く、販管費率が低いの？　WHY?

Eさん　販管費率が低いのはX社の逆で、販促費がかからないわけです。直販ということは自社のセールスが営業するわけだけど、自分で自分にリベートは払わないですから。でも、直販の粗利が低くなるのはなぜだろう……？

大津　自分で売ると粗利が下がる。なぜだろうね？　今回は販売チャネルの話をしているのだから、売っている製品の製造コスト、つまり原価はX社もY社も一緒だとしてみよう。そうすると直販と間接販売で売値が異なることしか粗利の違いの説明がつかないけど、なぜ直販だと売値が下がるの？ WHY?

Eさん　直販だとリベートを払わなくてもよいから、その分安くして売れるんじゃないですか？　顧客も喜んでくれるから売上拡大できるでしょう。

大津　だったら、なぜみんな直販にしないの？ WHY?

Eさん　それはー、直販するにはコストかかりますから。営業マンをたくさん抱えなくちゃいけないし、営業所とかマーケティング企画とか……。自分ですべて売るということは、ものすごくお金と手間がかかりますよ。

大津　いまEさんが言った営業マンとか営業所とかマーケティング企画とか。そういうのって、すべて販売に関するコストだね。ということは、直販すると販管費が爆発的に増えるんじゃないの？ SO WHAT?　つまり、販管費率の高いX社こそが直接販売で、そうではないY社が間接販売にならない？

Eさん　そう言われてみると確かにそうですが、でも先ほどの化粧品会社で見たように、販売を外部に委託すれば販促費は膨らみますよね。

大津　たしかにそう。だから今回の場合、直販も間接販売もどちらもX社になりうる。直接販売の場合は人件費が販管費で膨らむだろうし、間接販売の場合は販促費が販管費で膨らむはず。でも私の質問は「X社とY社は、どちらが直接販売でどちらが間接販売？」だった。X社が直接販売にはなっても、Y社が直接販売になることはありえない。自分で直

図表 8-14　直接販売の会社と間接販売の会社の売値と総利益率の違い

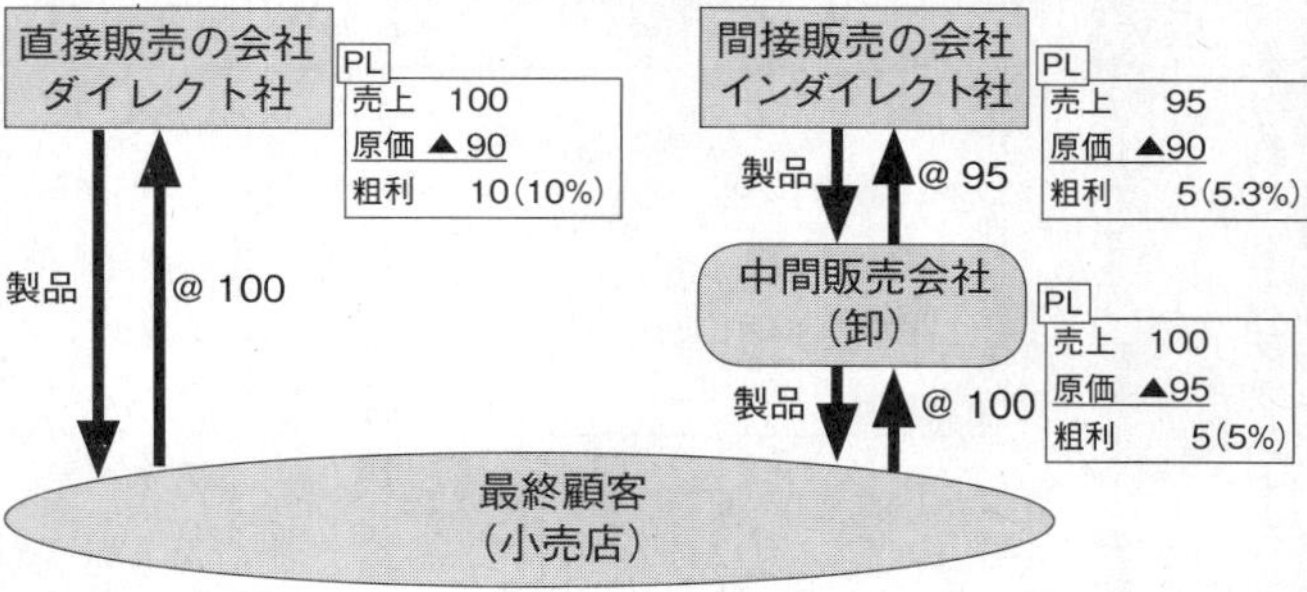

接売るということは、販売のためのあらゆるコストを自分で抱えるわけだから販管費が少ないというのはおかしい。どちらがどちらかと問われれば、ここではX社が直接販売でY社が間接販売とするしかなくなるね。

Eさん　なるほど。ところでその場合、粗利の違いはどんな説明になるんですか？

大津　どんなだと思います？　今はあくまで販売チャネルの違いの話をしているのだから、製造コストは同じだとすると……。

Eさん　ああ、直販だとエンドユーザーに直接売るのだから、売値が高いんですね。逆に間接販売では、間に入る卸にマージンを落とさないといけないから、直販に比べると値段が下がりますよね。

大津　そういうこと。絵にするとこんな感じだね（図表8-14）。

図表 8-15　A社とB社のPL

	A社	B社
売上高	100%	100%
売上原価（▲）	40.9%	50.1%
売上総利益	59.1%	49.9%
販売費及び一般管理費（▲）	49.3%	49.8%
営業利益	9.8%	0.1%

チャネルの違いが生む利益率の相違

図表8-15は、同じ製造業界で競合関係にある二社の連結PLの収益構造だ。A社は、B社に比べて粗利が高く販管費率が低い。必然的にA社はB社より営業利益率で大きく勝っている。ただし、一般的な製造業に比べると両社ともに原価率は低め（粗利は高め）で、販管費率は高めだといえよう。よって、これはこの業界の特徴であると類推できる。A社は花王で、B社はライオンである。

シャンプー、洗剤、歯磨き粉など、花王とライオンは確かに競合する製品が多い。その一方で、両社の間で異なる点が多いのも事実である。花王は、自社の「ソフィーナ」ブランドや連結子会社のカネボウ化粧品で女性用化粧品事業を主力事業のひとつとしているが、ライオンには女性用化粧品事業はない。先に資生堂で見たように、化粧品事業の粗利は非常に高いので、この事実は花王の連結PLの粗利をライオンに比べて押し上げているはずだ。

一方、ライオンは鎮痛薬のバファリンや新中外胃腸薬（二〇〇四年に中外製薬より取得）に代表される有力ブランドを複数保有するなど、薬品事業を家庭事業に次ぐ主力事業としている。しかし、花王にはヘルシア緑茶などのヘルスケア製品はあっても、薬品そのものはない。薬の粗利は先に見たとおり高いので、この事実はライオンの粗利を花王に比べて押し上げているかもしれない。しかし一方で、ライオンの薬品は医療用医薬品に比べて値段が安く粗利の低い店頭販売（ＯＴＣ）薬のみなので、粗利の上昇には実はそれほど大きく貢献していないとも類推される。

このように両社の間には類似している面もあれば、異なる点も数多くある。そのさまざまな要因が組み合わさった結果が、上記の二社の収益構造だ。それら個々の要因のすべての影響を公開情報だけで分析することは残念ながらできない。ここではテーマとなっている直接販売と間接販売といった販売チャネルの違いにフォーカスして考察してみることとする。

直接販売の花王と間接販売のライオン

花王は、花王カスタマーマーケティング（二〇〇七年四月に花王販売と花王化粧品販売が合併）という一〇〇％子会社を持っている。花王と花王のグループ企業の製品の販売に特化した会社で、二〇〇六年十二月末現在の従業員数は七〇〇〇名を超える。これは、花王単体の従業員数五六四二人をも上回る大所帯だ。今回は連結決算書で二社の数値を見ているので、親会社の花王と子会社の花王カスタマーマーケティングは一心同体。つまり、

図表 8-16　花王の 2007 年3月期連結損益計算書

	自 2006 年 4 月 1 日 至 2007 年 3 月 31 日		
区　分	金額（百万円）		百分比 (%)
Ⅰ 売上高		1,231,808	100.0
Ⅱ 売上原価		503,271	40.9
売上総利益		728,536	59.1
Ⅲ 販売費及び一般管理費		607,678	49.3
荷造発送費	68,664		5.6
広告宣伝費	96,892		7.9
拡売費及び販促費	69,090		5.6
給料手当・賞与	118,851		9.6
研究開発費	44,388		3.6
その他	182,998		14.9
営業利益		120,858	9.8

図表 8-17　ライオンの 2006 年 12 月期連結損益計算書

	自 2006 年 1 月 1 日 至 2006 年 12 月 31 日		
区　分	金額（百万円）		百分比 (%)
Ⅰ 売上高		330,380	100.0
Ⅱ 売上原価		165,569	50.1
売上総利益		164,810	49.9
Ⅲ 販売費及び一般管理費		164,467	49.8
1 販売奨励費	14,660		4.4
2 販売促進引当金繰入額	215		0.1
3 販売促進費	63,753		19.3
4 運賃保管料	16,549		5.0
5 広告宣伝費	22,393		6.8
6 給料諸手当	14,729		4.5
7 役員退職慰労引当繰入額	119		0.0
8 退職給付費用	366		0.1
9 減価償却費	1,789		0.5
10 のれん償却費	117		0.0
11 研究開発費	7,922		2.4
12 役員賞与引当繰入額	50		0.0
13 貸倒引当金繰入額	106		0.0
14 その他	21,693		6.6
営業利益		343	0.1

図表 8-18　花王とライオンの販管費比較

花王	自2006年4月 1日 至2007年3月31日		
区　分	金額（百万円）		百分比(%)
Ⅰ 売上高		1,231,808	100.0
Ⅲ 販売費及び一般管理費		580,883	47.2
拡売費及び販促費	69,090		5.6
荷造発送費	68,664		5.6
広告宣伝費	96,892		7.9
給料手当・賞与	118,851		9.6
研究開発費	44,388		3.6
その他	182,998		14.9

ライオン	自2006年 1月 1日 至2006年12月31日		
区　分	金額（百万円）		百分比(%)
Ⅰ 売上高		330,380	100.0
Ⅲ 販売費及び一般管理費		164,467	49.8
1 販売奨励費	14,660		4.4
2 販売促進引当金繰入額	215		0.1
3 販売促進費	63,753		19.3
4 運賃保管料	16,549		5.0
5 広告宣伝費	22,393		6.8
6 給料諸手当	14,729		4.5
7 役員退職慰労引当繰入額	119		0.0
8 退職給付費用	366		0.1
9 減価償却費	1,789		0.5
10 のれん償却費	117		0.0
11 研究開発費	7,922		2.4
12 役員賞与引当繰入額	50		0.0
13 貸倒引当金繰入額	106		0.0
14 その他	21,693		6.6

花王は典型的な直接販売の会社ということになる。

これに対してライオンは、卸を介した典型的な間接販売の会社だ。これについてライオンの藤重社長は、「一社当たりの売上高が小さい日本で、直取引をすれば非効率なのは明白」（「日経MJ」二〇〇四年六月三日）と語っている。

さて、直接販売と間接販売。先のEさんとの問答では、原価率が低く（粗利益率が高く）販管費率が高いX社が直接販売、原価率が高く（粗利益率が低く）販管費率が低いY社が間接販売と結論した。

確かに粗利は直販の花王が高い。花王は小売店に対して直接販売するわけだから、間接販売のライオンに比べて、中間マージンを差し引かないままの高い値段で販売することが起因しているといえる。しかし、事業分野として粗利が高い化粧品事業の存在が、花王の粗利を押し上げていることも、ここでは十分に認識しておく必要があろう。

一方の販管費は、個別の費目が開示されているので両社の比較が可能となる。そこで両社のPLから販管費の各費目の売上に対する比率を計算し、比較したものを図表8-18に示す。

ここまでの議論で構築された仮説は、

①直接販売である花王は、販管費に占める人件費の比率が大きい。なぜなら自社で営業部隊を抱えているため

②これに対して間接販売であるライオンは、販管費に占めるリベート関連の費用が大きい。なぜなら間接販売とは自分で売らない代わりに誰かに売ってもらうことを意味し、その売ってもらう人たちに対するリベートが必要となるため

二社の販管費の費目の名称や項目数が一致していないので容易ではないが、それでも先に挙げた仮説の検証は十分可能だ。まず、花王の給料手当・賞与の売上に対する比率は九・六%であるのに対して、ライオンの給料諸手当は四・五%にとどまっている。両社の売

図表8-19　花王とライオンの販管費比較

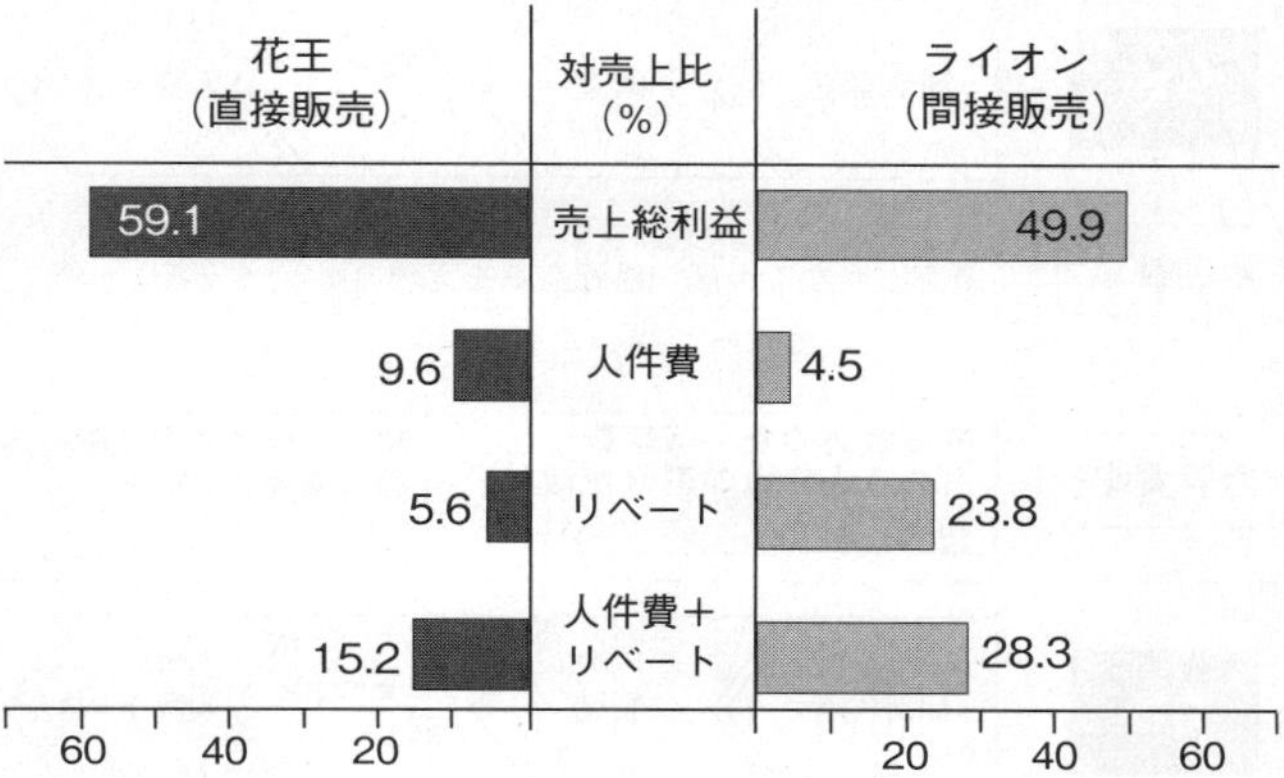

上規模は四倍近くの違いがあるから花王は相当の販売の効率化が実現できているはずだが、それでも人件費への売上比での投資はライオンに比べて倍以上だ。これこそ、自社で販売会社を抱える直販体制の花王と、卸の活用を中心とした販売体制を敷くライオンの顕著な違いを表しているといえるだろう。ちなみに連結の従業員数はライオンの二四九四人に対して、花王は正社員だけで三万二一七五人を有している。両社の売上の差以上の従業員数の差である。

一方のリベート関連はどうだろうか。花王の拡売費及び販促費が売上比でわずか五・六％であるのに対して、ライオンは販売奨励費と販売促進費（販売促進引当金繰入額を含む）の合計で売上の二三・八％に及んでいる。ここまでの数値を、一覧にまとめてみよう（図表8-19）。

両社の事業内容がまったく同一ではないため、

図表 8-20　販売チャネルの相違がもたらす粗利益率と販管費率

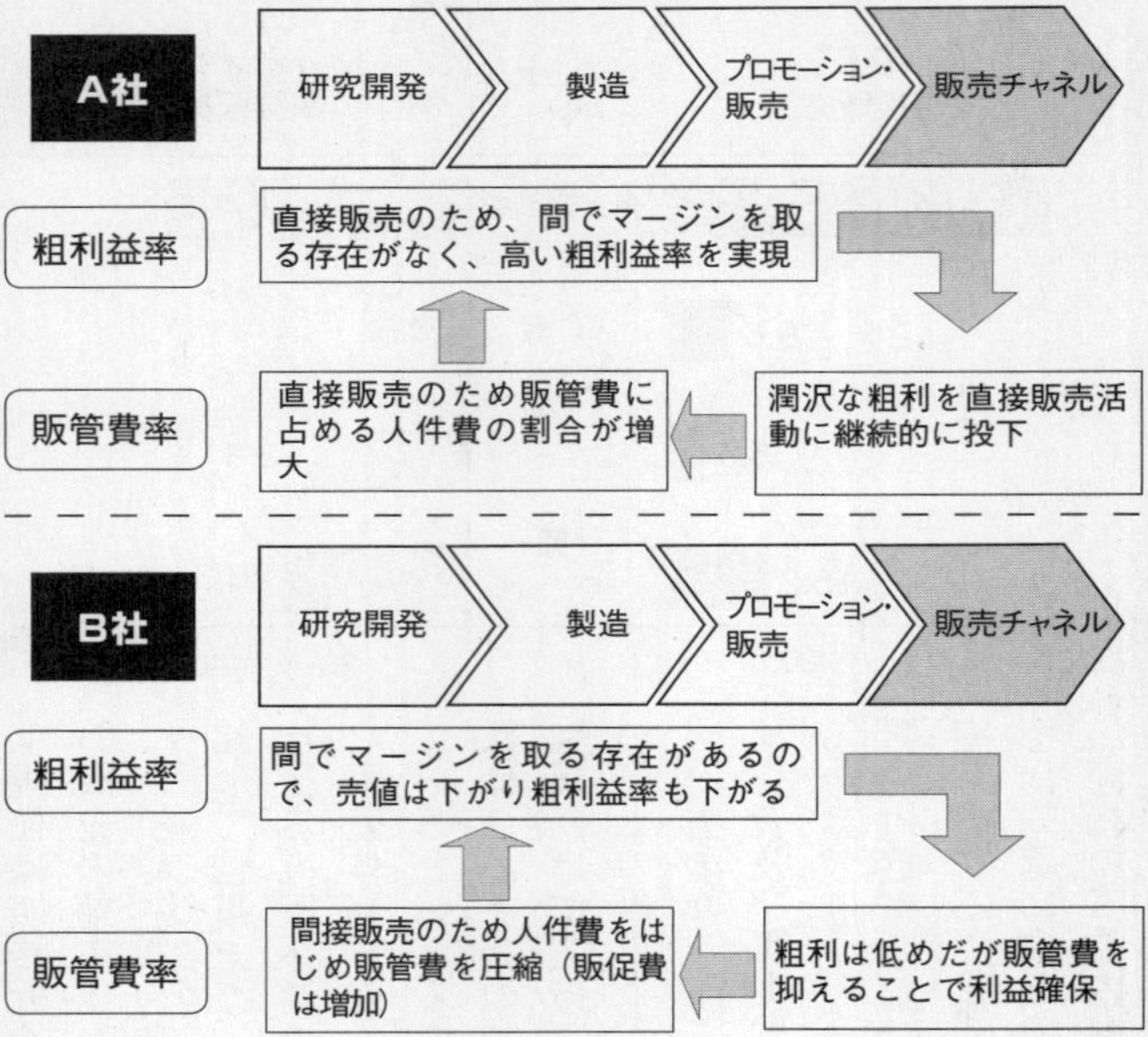
A社
研究開発
製造
プロモーション・販売
販売チャネル
粗利益率
直接販売のため、間でマージンを取る存在がなく、高い粗利益率を実現
販管費率
直接販売のため販管費に占める人件費の割合が増大
潤沢な粗利を直接販売活動に継続的に投下
B社
研究開発
製造
プロモーション・販売
販売チャネル
粗利益率
間でマージンを取る存在があるので、売値は下がり粗利益率も下がる
販管費率
間接販売のため人件費をはじめ販管費を圧縮（販促費は増加）
粗利は低めだが販管費を抑えることで利益確保

この表をそのまますべて販売チャネルの違いの結果とはとても断言できない。しかし、両社間での粗利益率、人件費率、リベート比率のそれぞれの大小関係と、各社別での人件費とリベートの大小関係には、直接販売と間接販売といった両社の販売チャネル戦略の違いがきれいに現われているとすることは問題ないだろう（図表8-20）。

ここまで、同じ業界にありながら収益構造が異なる二社について、バリューチェーンで分解しながら経営戦略の相

図表8-21　バリューチェーンの要素別に見た経営戦略の相違がもたらす粗利益率と販管費率

	研究開発	製造	プロモーション・販売	販売チャネル
粗利益率	粗利益率の高い自社製品を保有	製造を外部委託することで粗利益率を向上	高い売値の実現は粗利益率を高める	顧客との直接取引でマージンを排除し、高い粗利益率を実現
	↓	↓	↑	↑
販管費率	研究開発に対する投資	粗利益を原資として販売活動に投下	プロモーション・販売活動への投資	直接販売活動への投資

違を考察してきた。四つの箱の要点をあらためて簡潔にまとめたものを図表8-21に示す。さまざまな分析上の制約はあるものの、ケースとして取り上げた同業の二社には、経営戦略の相違が収益構造の相違として如実に現われていることを確認することができた。実際のバリューチェーンの各要素は独立したものではなく、相互に影響を及ぼすものだ。事業責任者にはこれらの最適なミックスを見つけ出していくことが臨まれてくる。

どこに競争優位を築くのか

経営戦略が異なれば数値は異なる。数値を決めるのは経営戦略である。よって決算書を分析する者に最終的に求められるのは、数値が大きいとか小さいとかいった事実を表現することではない。戦略がどう数値として現れているか現れていないかを認識した上で、経営戦略が正しいか否かの判断をすることとなる。それは決して会計の数値からだけでできることではない。業界の競争環境を理解し、これから起きるであろう事態を予測し、その中で自社がどこで競争優位性を発揮することができるのか。定性的な経営環境と定量的な評価から、総合的な判断、そして意思決定が望まれてくる。

仮に営業利益率一〇%が自社の目標とする数値となっても、それを達成するための手段、つまり経営戦略は、ここまで見たように実に数多く存在している。売上高営業利益率一〇%の必達と言われれば、競争が激しい現代において負担の大きな目標に聞こえるかもしれないが、逆に「売上の九〇%までは消費してけっこうです。どこに使うのがもっとも賢いのかを考えてください」といわれているとすれば、今までとは異なる視界も開けてくるだろう。その際には、自社のバリューチェーンをひいて、どこに競争優位性を築くのか、どこは思い切って重要度を下げるのかを考えながら、PLとBSへの影響を考察してほしい。

では最後に、ここまでの分析をもとにして、自分の所属する会社や事業について考えるクイズを出題してみよう。いつの日か読者の皆さんの会社に私が講師として訪れる際には、本クイズは研修に臨むための必須事前課題としてぜひ課してみたい。

QUIZ ⑩

自分の所属する会社が取り扱う製品やサービスのバリューチェーンをここまでの例にならって構築してください。その上で、

①競合他社を意識しながら、各々の箱について自社の経営戦略上の特徴を記述してください。

②競合と比較した経営戦略の相違は、自社の粗利益率や販管費率を押し上げていますか、押し下げていますか。可能であれば、実際に同業他社の各比率と比較してみましょう。

③自社の強みはどこにあるのでしょうか。自社の改善すべき課題はどこにあるでしょうか。強みをさらに強固にするには何が必要でしょうか。課題を改善するためにどのように進めるべきでしょうか。バリューチェーンに沿って考えてみてください。

（制限時間　六〇分）

◉ 8章のまとめ

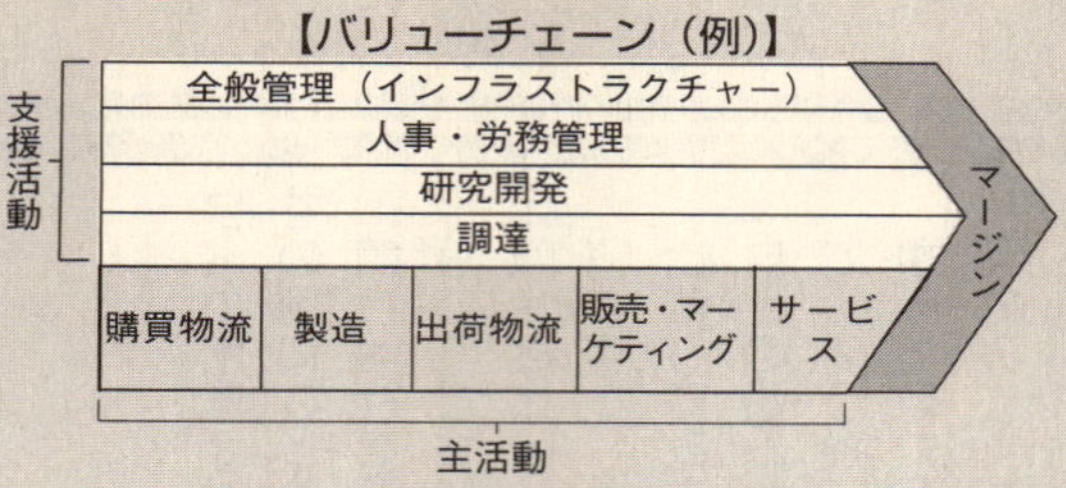

■自社開発製品比率の高い企業は販管費（研究開発費）がかさむ代わりに、高い売値による販売から高粗利益率を実現できる。自社開発製品比率の低い企業は販管費を抑える代わりに、売値の低さから粗利益率が低くなる

■比較的ニッチの市場では、製造を思い切って外部委託することで原価を抑えて粗利を確保し、その粗利を競争に打ち勝つための販管費の特定費目に投資することが戦略となりうる。一方、マスをターゲットにした製品は、規模の経済によるコスト低減が有望な戦略となる。自社製造によって売上原価の低減をめざすが、コモディティであるため売値が低く粗利益率は低い。しかし販管費は固定費的な費用が多いため、規模の経済によって売上比での低減が実現できる

■プロモーション・販売活動に多額のお金を投下する

ことで確固たるブランドの構築に成功すれば、高い売値での販売が実現する。この場合、売値が高いため粗利益率は高いが、販管費の負担も相応に大きくなる。一方、プロモーション・販売活動への投資を抑える企業は、仮に同じような品質の製品であったとしても、ブランド力や販売力の欠如から高い売値の設定ができない。このため粗利益率では劣るが、販管費の低減によってそれを補完する

■直接販売する企業は自社で販売員を抱えるため販管費における人件費が膨らむが、中間マージンを抜かれずに最終価格で顧客に直接販売することから、粗利は高い。間接販売する企業は自社で販売員を抱えないので販管費は総じて少ないが、中間マージンを販売委託先に落とすため、売値はその分安く粗利は低い（中間業者へのマージンは、販管費の販売促進費としてではなく、値下げとして反映されると想定）。

■経営戦略が異なれば数値は異なる。数値を決めるのは経営戦略。よって決算書を分析する者に求められるのは、戦略がどう数値として現われているか、現われていないかを認識した上で、経営戦略が正しいか否かの判断をすることとなる

■そうした分析は、決して会計の数値からだけでできることではない。業界の競争環境を理解し、これから起きるであろうことを予測し、その中で自社がどこで競争優位性を発揮することができるのか。定性的な経営環境と定量的な評価から、総合的な判断、そして意思決定が望まれる

■仮に営業利益率一〇%が自社の目標とする数値となっても、それを達成するための手段、つまり経営戦略は実に数多く存在している。売上高営業利益率一〇%の必達と言われれば、競争が激しい現代において負担の大きな目標に聞こえるが、「売上の九〇%までは消費して結構。どこに使うのがもっとも賢いのかを考えてください」と言われているとすれば、今までとは異なる視界も開けてくるだろう

■その際には、自社のバリューチェーンをひいて、どこに競争優位性を築くのか、どこは思い切って重要度を下げるのかを考えながら、PLとBSへの影響を考察すること

おわりに

会計スキルを身につけるために

ビジネススクールや企業内教育研修の講師を長く務めているが、楽しみのひとつはクラス終了後のアンケートにある。「このクラスをきっかけに今後アカウンティングの学習をがんばっていきます」といった、講師としてこの上ない幸せを感じるコメントもあれば、私のクラスの進め方や時間配分などに対する鋭い指摘も見られる。こうしたフィードバックは、講師である私にとって今後の自分自身の向上に向けた建設的なギフトとなる。同時に、受講者にとっては貴重な時間とお金を使って、自分はいったい何を学んだかを振り返る大切な場となる。そうしたアンケートの中で、以下のようなコメントがよく見られる。

「会計というものが会社の活動ととても密接したものであることがよく分かりました。自分のものにできるように、これからテキストを使って復習してみます。ただ、いまは分かったつもりになっていても、時間が経つとだんだん忘れていきそうです。どうすれば今日学んだことを忘れずに、スキルとして会計を身につけていくことができるのでしょうか。」

本書の最後では、この質問に対する私の答えを述べていきたい。まずは小泉政権の改革を実行し、現在は慶應義塾大学グローバルセキュリティー研究所所長に就任されている竹中平蔵氏の言葉を紹介してみよう。

「私はこの一〇年間、慶應義塾大学で教鞭をとってきました。一〇年の体験を通してわかったことですが、伸びる学生とそうでない学生とでは、一つの大きな違いがあります。それは、伸びる学生は例外なく身の回りの経済問題に大きな知的好奇心を抱き、興味を持って見聞きし、自分の頭で考えているということです。

私達の生活は経済だらけです。そんな身近な問題をきっかけに、経済を深く考えることには、やはり大きな意義があると思います。」（『竹中教授のみんなの経済学』）

竹中氏の言葉の中の「経済（問題）」を「会計」に置き換えてみる。

「伸びる学生は例外なく身の回りの**会計**に大きな知的好奇心を抱き、興味を持って見聞きし、自分の頭で考えているということです。

私達の生活は**会計**だらけです。そんな身近な問題をきっかけに、**会計**を深く考えることには、やはり大きな意義があると思います。」

身の回りのことに応用する

これが先の受講生の質問に対する私の答えとなる。竹中氏には時間もレベルも遠く及ばないが、社会人教育に五年以上の歳月を費やし、一万名以上の社会人学生を相手に会計の教鞭をとってきた私の結論は竹中氏と同様だ。つまり、会計をスキルとして身につけていくには、学んだことを教室の場で終わらせずに、自分の身の回りで起きていることに応用していくことに尽きる。

自分の会社や顧客の会社の決算書を、手始めにじっくりと読むのもよい。学んだフレームワークを頭に描きながら、予算を立てるときに、いつもより入念に考えるのもよいだろう。家に帰れば、自分のマンションの管理組合の決算書を引っ張り出して、一度上から下まで読んでみたらどうだろうか。仕事の後にいつも通っているあの英語学校でも、昨日ビデオを借りたあのレンタルビデオ屋でも、週末に家族で行く予定のあのレストランでも、あるいはどう考えても経営が成り立っていないと思われるあの第三セクターでもよい。

上場している会社や、ある程度の規模の企業であれば、決算書はすべてインターネット上で簡単に手に入る。もちろん無料で二四時間いつでも見られるわけだ。**問われているのは、あなたがそれに知的好奇心を抱いて、興味を持って見たいと思うかだ。そして、それ**

	売上高	営業利益	既存店売上高
青山商事	1,810 (2)	201 (4)	1.0
AOKI ホールディングス	875 (14)	82 (8)	0.0
はるやま商事	610 (8)	43 (3)	0.0
コナカ	588 (13)	16 (▲57)	▲3.5

(注) 単位：億円。カッコ内と既存店売上高は前期比増減率（%）、▲は減

を見たときには、自分の頭で考えることができるかにある。会計を使いこなすことができる人とできない人を分けるのは、頭が良いとか普段数値に触れているとかではなく、そこに興味を持って見聞きし、自分の頭で考え、そして行動を起こせるかに尽きる。

「会計の学習」などと、難しく構える必要はない。毎日の新聞や雑誌にある会社の数値動向に関する記事を、いつもより少しだけ深読みしてみることから、今日始めてみてはどうだろうか。

身の回りの会計数値に問いかける

ちょっと例を示してみよう。たとえば私がこのおわりの章を書いている今日（二〇〇七年五月三十一日）の「日本経済新聞」の投資・財務面をパッと開いて最初に目に入った記事が、紳士服大手四社の二〇〇七年度の衣料品事業の見通しだった。記事の中にある上記の表を見たときに、あなたтака だったら、業界や個別の企業に関する会計や経営を考える上で、どれだけの問いかけを思いつくことができるだろうか。

私だったら、以下のような問いかけをしてみたい。

◆紳士服市場の市場規模はどれくらいだろう？

◆その中で大手四社が占めるシェアはどれくらいだろう？

◆各社の売上高の違いは、そのまま店舗数の違いを表しているのだろうか？　そうでないとすると、どういった仮説が立つだろうか？（立地の違い？　店舗形態の違い？　商品力の違い？　商品構成の違い？　店舗面積の違い？……etc）

◆もっとも利益率のよい最大手の青山商事でも営業利益率は一一％強なので、ファーストリテイリングを下回る。ユニクロの商品より高価格帯のスーツが主力商品であるのに、なぜ利益率はユニクロより劣るのだろうか？　この表からは分からないが、粗利益率ベースでは、スーツがフリースに勝っているのだろうか？

◆クールビズとか、少子高齢化のあおりを受けて、売上はジリ貧の気がするが、青山商事の既存店売上高が一％の成長予測となっているのは、顧客数の増加によるものだろうか？　それとも顧客単価の向上だろうか？　どちらであるにしても、実現の背景はどこにあるのだろうか？

◆ＡＯＫＩとはるやま商事は既存店売上高の成長は○％予測なのに、全社の売上がそれぞれ一四％、八％伸びるということはどのような背景からだろうか？　新規出店を加速するということだろうか？　それともＭ＆Ａでどこかの会社が合算されるということだろうか？

◆コナカは、既存店売上高は唯一マイナス予測なのに、全社売上が一三％も増えるとはいったい何事だろうか？　やはり新規出店が多いのか、あるいはM＆Aによる合算だろうか？

◆コナカは、売上は一三％も増えるのに、本業の利益である営業利益が五七％も減るのはいったいなぜだろうか？　新規出店で当初は費用がかさむのだろうか？　M＆Aをしたのが業績のよくない企業だったのだろうか？　それとも前期が特殊要因でよすぎた反動だろうか？　それとも今期の本業周りで特殊な費用が発生するのだろうか？

株主から企業に対する要求が厳しくなる昨今、投資家に対する企業の情報開示の姿勢は、日増しに向上している。インターネットで手に入らない情報はほとんどない。各社のホームページや有価証券報告書（金融庁作成のEDINETから閲覧できる）、さらにはネット上で手に入るさまざまな記事をもとにして、私の問いかけについてリサーチしてみるのもよい訓練になるだろう。そのときにはぜひ、本書を通して学んできた、次の三つを意識しながらリサーチしてほしい。

1　紳士服業界のPL、BSはどのような構造をしているだろうか？　考えて、仮説を構築してから決算書を読んでいこう。

⇩　**トヨタ自動車の決算書の類推を覚えていますか？**

2　紳士服業界はどのような競争環境にさらされているのだろうか？　五つの脅威はそれぞれ、各社の経営環境にどのような影響を与えているだろうか？　そしてそれはＰＬ、ＢＳにどのように現われているだろうか？

⇩　**製紙業界の5つの力の構築を覚えていますか？**

3　競争の激しい紳士服業界では、バリューチェーンの中で各社はどのような差別化を図りながら、競争優位性を発揮しているのだろうか？　業界首位の青山商事はどこが優れているのだろうか？　あなたが二番手のＡＯＫＩの経営者であれば、トップの青山商事に対抗して、どのような経営戦略をとるだろうか？　そして、それは青山商事との違いとして、ＡＯＫＩの決算書上にどのように現われてくるだろうか？

⇩　**バリューチェーンで見た四つの業界（医薬品業界、米国ビール業界、化粧品業界、トイレタリー業界）における戦略の違いとPLの違いを覚えていますか？**

フレームワークを活用する

PL、BSも、5つの力も、バリューチェーンも、経営を考える上でのフレームワーク（枠組み）と呼ぶことができる。物事を考える上では、こうしたフレームワークが非常に有効なツールとなる。モレなくダブりなく、結論に向かって効率的かつ効果的に考えることができる。ただし、フレームワークの穴埋めで満足していてはいけない。フレームワークを使うこと自体が目的ではなく、あくまで最終的な目的は分析であり、会社であれば意思決定となる。

キーとなる質問は「WHY?」と「SO WHAT?」

ここまで本書を読んだ読者には、「WHY?」と「SO WHAT?」の重要性の意味を十分に分かってもらえたことだろう。最初の稲盛氏と経理部長のエピソードも、今となってはより現実感を持ってとらえてもらうことができるのではないだろうか。会計といっても、細かいルールや用語（WHAT）の解説は本書ではほとんど出てこなかった。その一方、「WHY?」、つまり「なぜその数値なのか?」と、「SO WHAT?」、つまり「その数値から何が言えるのか?」は、できる限り読者に問い続けてきたつもりである。英語で「WHY?」の問いかけに対する答えは、「BECAUSE…（なぜなら～）」で始まる。「SO WHAT?」の問いかけに対する答えは、「THAT IS…（それは～ということだ）」

がふさわしい。

会計の数値を見たときに「大きい」「小さい」「良い」「悪い」といった事実を表現する言葉ではなく、「なぜなら〜」や「それは〜ということだ」といった理由や意味合いを表現する言葉で答える自分を見つけたとき、あなたの会計力は確実に進歩しているはずだ。

間違いを恐れずに結論思考を貫く

その際に大切なのは、間違いを恐れないこと。長い間講師を務めていると、「こんなこと聞いたら恥ずかしいんですが……」といった前置きをしてから質問してくる受講者にときどき出会う。たとえば「なんで減価償却の方法には選択肢なんかあるんでしょうか？ ひとつだったら、面倒な議論をしなくてよいですよね？」など。そうした「恥ずかしい」と思えるような会計に関する素朴な疑問ほど、実際は経営の本質を突いていることが多い。減価償却方法の選択など、私から言わせれば、会社をどう見せたいかに関わる経営者の重大な意思決定そのものに他ならない。

またもうひとつ大切なのは、結論思考を貫くことだ。「ＷＨＹ？」や「ＳＯ ＷＨＡＴ？」を問われても、なかなか自分自身の結論を導き出せない人にときどき出会う。それは分からないからではなく、考えることを放棄していたり、間違いを恐れて躊躇《ちゅうちょ》していたりすることがほとんどだ。思いつきや当ってずっぽうは必ずしも褒められたものではないが、最初は少々の思いつきでもよい。失敗から学ぶものは大きい。考えること、自らの結論を出すことを放棄していては、何ら進歩は生まれないものだ。

「好きこそものの上手なれ」という言葉がある。読者の皆さんも、これだったら絶対に人には負けないという、大好きな趣味や教養があるだろう。本書を読んだ読者は、はたして決算書を手にすることを「好き」になってくれただろうか。「好き」まではいかなくても、竹中氏の言う「興味を持つ」ことへの一助となっていれば幸いである。

世の中は会計の情報であふれている。本書をきっかけにして、読者の皆さんが世の中に会計というアンテナを張り、興味を持って学んでいくこととなれば、著者として望外の喜びとなる。

あとがき

米国MBA留学から帰国し、証券会社やベンチャーキャピタルで仕事をしていたが、そんなときに縁あって始めた会計や財務の講師。いまでは会社を興して、メインの業務のひとつとなっている。年間三〇社を超える企業での社内選抜や公募型の研修に加えて、三つのMBA大学院ビジネススクールと、四つのオープンセミナーの間を精力的に動き回っている。一日限りの出会いの方も多いが、毎年多くの人に会ってたがいにエネルギーをぶつけ合う機会が、自分の性に合っているようだ。

本書はそんな私がMBA教育の場で実際におこなっているクラスの雰囲気を少しでも味わってもらえるような内容を目指したものだ。一方的な講義や講演ではなく、あくまで講師と受講生、受講生間の双方向のやり取りに根ざしたクラス運営をしており、本書もそれに即したものとしている。ページ数と読みやすさが許す限り、会話調のやり取りを所々に入れたのは、そうした本書の狙いが背景にある。果たして読者の皆さんにクラスの臨場感を感じてもらえただろうか。教室で出会ったときには、皆さんの感想をお聞きしてみたい。

本書を読み、PLとBSの基本、戦略のフレームワークをマスターされた方は、自社や他社のケースメソッドを用いて、より高い視点からの会計を議論する準備が整った。会計を学ぶ醍醐味は、細かな会計ルールや用語の学習ではなく、経営者の視点から数値をとらえて、意思決定していくことにこそある。いつの日か読者と教室の場で活発な議論をおこなう機会を楽しみにしたい。

最後に、本書の執筆構想から完成に至るまで継続してサポートいただいた日本経済新聞出版社の堀江憲一氏に感謝の意を表したい。また、本書に出てくるAさん、Bさん……のような、過去五年間で私が教室の場で出会った多くの社会人学生の方に対して、活発な議論と思考の機会を与えてくれたことにお礼を申し上げたい。そうした貴重な議論の機会を与えてくださるビジネススクールや、パートナー企業にもお礼を申し上げる。最後に、私の活動をいつも支えてくれる家族と両親にこの場を借りて深く感謝したい。

二〇〇七年七月

青山のオフィスにて　大津 広一

ko@otsu-international.com

る部品会社、日野自動車やダイハツのような自動車メーカー、販売会社までが合算されるため、棚卸資産と有形固定資産が、金額、売上比率ともに単体に比べて一気に増大していることが確認できた

米国会計基準では純資産の名称を用いずに資本と呼ばれ、また少数株主持分は負債と資本の間に記載されている

▷トヨタの自己資本が少ないひとつの理由は、継続的な自己株買いによって資本の圧縮に努めているためである。自己株買いとはトヨタがトヨタ自身の株を買う行為で、ＢＳ上は資本の減少として記載する。2007年3月期末現在、トヨタはトヨタの発行済み株式総数の11.4％を保有している。自己株には議決権はないが、トヨタ自身がトヨタの実質的な最大株主ともいえる水準である

▷トヨタの資金調達のうち資本が占める比率が低い理由は、負債が多い、中でも有利子負債（借金）が多いことに起因する。借金は、12兆1290億円（短期借入債務、1年以内に返済予定の長期借入債務、長期借入債務の合計）に達しており、これは国内でもダントツのNo.1借金会社となる水準である。ではトヨタの借金はなぜ多いのだろうか。これは借金をどんなことに使っているかを見れば一目瞭然で、それは資産サイドに現われる

▷左側の資産サイドでもっとも大きな数値は、製造業として不可欠な棚卸資産（1兆8000億円）や有形固定資産（8兆円）ではなく、単体決算書で目立っていた投資及びその他の資産（7兆円）でもなく、金融債権の9兆7000億円（金融債権と長期金融債権の合計）である。これは自動車ローンを中心とした金融事業から発生している。借金12兆円の大部分は、金融債権に振り向けられていることが分かる

▷主要な資産の売上比率を計算すると、現金及び現金同等物と定期預金と有価証券の合計2兆3625億円（9.9％、36日分）、受取手形及び売掛金2兆238億円（8.5％、31日分）、棚卸資産1兆8039億円（7.5％、27日分）、有形固定資産8兆605億円（33.7％、123日分、回転率3倍）、投資及びその他の資産7兆354億円（29％、107日分）となっている。連結決算書では子会社であ

トヨタ自動車の2007年3月期の連結決算書と、本文中で取り上げた同期の単体決算書を比べることで、以下のような点が連結の特徴として挙げられる。

損益計算書（PL）

▷連結の売上高23兆9000億円と単体の売上高11兆5000億円を比較すると、売上高の連単倍率は、ほぼ2倍の水準にある
▷連結の営業利益2兆2000億円と単体の営業利益1兆1000億円を比較すると、営業利益の連単倍率も、ほぼ2倍の水準にある
▷トヨタの連結決算書は米国会計基準に従って作成されているため、経常利益は存在しない
▷連結の当期純利益1兆6000億円と単体の当期純利益1兆円を比較すると、当期純利益の連単倍率は1.6倍となり、売上や営業利益の連単倍率より下がる。これは、単体では営業外収益に子会社からの配当を含む巨額の受取配当金3118億円が計上されているが、連結では子会社から親会社への配当は相殺されて計上されないことが主な要因である。連結決算書上では受取配当金と受取利息の合計で1319億円となっている

貸借対照表（BS）

▷連結の総資産32兆5000億円と単体の総資産10兆6000億円を比較すると、総資産の連単倍率は3倍超の水準にある。PLの連結と単体の関係がおおむね２：１であったのに対して、BSは３：１の関係にある。PLに比べてなぜトヨタの連結BSは膨張するのだろうか
▷ＢＳの右側の資金調達サイドでの顕著な違いとして、単体では純資産が負債・純資産合計の67.1％を占めていたのに対して、連結では資本合計が負債、少数株主持分及び資本合計の36.3％と低い水準にあることが挙げられる。36.3％は国内の自己資本比率のほぼ平均値である。なお、トヨタが連結で採用している

(2007年3月31日)

区　分	金額 (百万円)	構成比 (%)
(負債の部)		
Ⅰ 流動負債		
1 短期借入債務	3,497,391	10.7
2 1年以内に返済予定の長期借入債務	2,368,116	7.3
3 支払手形及び買掛金	2,211,586	6.8
4 未払金	807,481	
5 未払費用	1,668,337	
6 未払法人税等	421,196	
7 その他	793,063	
流動資産合計	**11,767,170**	**36.2**
Ⅱ 固定負債		
1 長期借入債務	6,263,585	19.2
2 未払退職・年金費用	640,586	
3 繰延税金負債	1,312,400	
4 その他	126,702	
固定負債合計	**8,343,273**	**25.6**
負債合計	**20,110,443**	**61.8**
〈少数株主持分〉		
少数株主持分	628,244	1.9
(資本の部)		
Ⅰ 資本金	397,050	1.2
Ⅱ 資本剰余金	497,593	1.5
Ⅲ 利益剰余金	11,764,713	36.1
Ⅳ その他の包括利益累計額	701,390	
Ⅴ 自己株式	△1,524,654	△4.7
資本合計	11,836,092	36.3
負債、少数株主持分及び資本合計	**32,574,779**	**100.0**

12兆円を超える国内随一の借金会社

D/Eレシオが1倍超

国内平均値なみの自己資本比率

貸借対照表（BS）

区　分	金額（百万円）	構成比（%）
（資産の部）		
Ⅰ 流動資産		
1 現金及び現金同等物	1,900,379	5.8
2 定期預金	26,709	0.1
3 有価証券	435,463	1.3
4 受取手形及び売掛金（貸倒引当金控除後）	2,023,818	
5 金融債権〈純額〉	4,036,363	12.4
6 未収入金	486,170	
7 棚卸資産	1,803,956	
8 繰延税金資産	551,503	
9 前払費用及びその他	519,762	
流動資産合計	**11,784,123**	**36.2**
Ⅱ 長期金融債権〈純額〉	**5,694,733**	**17.5**
Ⅲ 投資及びその他の資産		
1 有価証券及びその他の投資有価証券	3,829,852	11.8
2 関連会社に対する投資及びその他の資産	2,058,177	6.3
3 従業員に対する長期貸付金	96,742	
4 その他	1,050,633	
投資及びその他の資産合計	**7,035,404**	**21.6**
Ⅳ 有形固定資産		
1 土地	1,233,137	3.8
2 建物	3,444,764	10.6
3 機械装置	9,184,751	28.2
4 賃貸用車両及び機具	3,309,337	10.2
5 建設仮勘定	349,465	
小計	17,521,454	53.8
6 減価償却累計額〈控除〉	△9,460,935	△29.0
有形固定資産合計	**8,060,519**	**24.7**
資産合計	**32,574,779**	**100.0**

金融事業が抱える巨額の金融債権

連単倍率３倍

【付録Ⅱ】 トヨタ自動車の連結決算書

損益計算書（PL）

（自 2006 年 4 月 1 日　至 2007 年 3 月 31 日）

区　分	金額（百万円）	百分比（%）
Ⅰ 売上高		
1 商品・製品売上高	22,670,097	
2 金融収益	1,277,994	
売上高合計	23,948,091	100.0
Ⅱ 売上原価並びに販売費及び一般管理費		
1 売上原価	18,356,255	76.7
2 金融費用	872,138	3.6
3 販売費及び一般管理費	2,481,015	10.4
売上原価並びに販売費及び一般管理費合計	21,709,1408	90.7
営業利益	**2,238,683**	**9.3**
Ⅲ その他の収益・費用（△）		
1 受取利息及び受取配当金	131,939	
2 支払利息	△ 49,326	
3 為替差益〈純額〉	33,005	
4 その他〈純額〉	28,215	
その他の収益・費用（△）合計	143,833	0.6
税金等調整前当期純利益	**2,382,516**	**9.9**
法人税等	898,312	3.7
少数株主持分損益及び持分法投資損益前当期純利益	1,484,204	6.2
少数株主持分損益	△ 49,687	△ 0.2
持分法投資損益	209,515	0.9
当期純利益	**1,644,032**	**6.9**

連単倍率２倍（商品・製品売上高）

連単倍率２倍（営業利益）

連単倍率 1.6 倍（当期純利益）

分　類	会計指標	トヨタ自動車（単体ベース）	あなたの会社（連結 or 単体ベース）
総合力	ROE（自己資本当期純利益率）	14.8%	
	売上高純利益率	9.2%	
	総資産回転率	1.09 倍	
	財務レバレッジ	1.49 倍	
	ROA（総資産経常利益率）	14.6%	
	売上高経常利益率	13.4%	
	総資産回転率	1.09 倍	
収益性	売上高総利益率	20.2%	
	売上高営業利益率	9.9%	
	売上高経常利益率	13.4%	
	売上高純利益率	9.2%	
資産効率性	総資産回転率	1.09 倍	
	売上債権回転期間	39.6 日	
	棚卸資産回転期間	11.0 日	
	仕入債務回転期間	41.0 日	
	有形固定資産回転率	8.52 倍	
	手元流動性比率	37.7 日	
安全性	自己資本比率	67.1%	
	流動比率	150.8%	
	当座比率	89.7%	
	固定比率	91.5%	
	固定長期適合率	82.5%	
	インタレスト･カバレッジ･レシオ	134.1 倍	
成長性	前年度比売上高成長率	13.5%	
	5 年間の年平均売上高成長率	7.3%	

QUIZ

ここまでで計算したトヨタ自動車の2007年3月期の決算書から計算できる主要な会計指標を次ページの一覧表に示します。トヨタ自動車にならって、あなたの会社の直近の決算書から主要な数値を抜き出し、会計指標を計算してください。なお、トヨタ自動車は単体ベース（トヨタ自動車株式会社のみでの決算書）での数値を記載していますが、あなたの会社が連結決算を発表している企業であれば、連結ベースで計算してください。トヨタ自動車の数値と比較しながら、自社について

①あなたにとっての新たな発見を5つ挙げてください

②それらの発見は、おそらくあなたが決算書を見る前に思っていた自社のイメージと異なったためと思われます。なぜあなたのイメージとは異なる数値なのか、その理由に関する仮説を構築してみましょう

③それらの事象は、今後自社として改善すべきことでしょうか。どのように改善していきますか。改善しなくてよい肯定的なものと考えるならば、その理由を挙げてください

によって計算される。

複数年度（n 年）における、年度当たりの平均売上高成長率（複利ベース）

$$売上高成長率 = \left(\frac{今年度売上高}{初年度売上高}\right)^{\frac{1}{n-1}} - 1$$

によって算出される。

トヨタ自動車の売上高成長率(2006 年 3 月期⇒2007 年 3 月期の 1 年間)

$$= \left(\frac{11,571,834 百万 - 10,191,838 百万}{10,191,838 百万}\right) = 13.5\%$$

トヨタ自動車の売上高成長率(2003 年 3 月期⇒2007 年 3 月期の 5 年間)

$$= \left(\frac{11,571,834}{8,739,310}\right)^{\frac{1}{5-1}} - 1 = 7.3\%$$

本文とこの付録でみっちりとトヨタ自動車の決算書と会計指標を学んだ読者は、既に自社についての分析を行うだけの準備が十分に整った。次の Quiz にぜひチャレンジしてみよう。そしてその議論を、いつの日かビジネススクールや企業内研修の場で私としてみよう。

●本文の解説を確認してみよう

> Ａさん　111億円の利息の支払いなどと聞くと、ますますムダな社債に思えてしまいます。
> 大津　それでも営業利益で1兆1500億円稼いでいるトヨタにとっては、利息の111億円は、営業利益の103分の1に過ぎないよ。103年分の支払利息を、たった1年間で稼いでいるということ。それとは別に、配当だけで3118億円受け取っている。1年間で支払う利息の28年分に相当する配当収入。両方を合わせると向こう131年は利息負担でつぶれることはないかな。何もかもがケタ違いなトヨタだから、利息の111億円は懸念するような金額ではないでしょう。(→98ページ)

$$\text{トヨタ自動車のインタレスト・カバレッジ・レシオ} = \frac{(\text{営業利益}+\text{金融収支})}{(\text{純資産}+\text{固定負債})}$$

$$= \frac{(1{,}150{,}921\text{百万}+34{,}045\text{百万}+311{,}830\text{百万})}{11{,}159\text{百万}}$$

$$= 134.1\text{倍}$$

5. 成長性

売上高、利益、資産など、さまざまな会計数値の成長性の計算が頻繁に行われる。企業が拡大傾向にあるのか、それとも縮小傾向にあるのかは、経営者のみならず、株主、金融機関、取引先、従業員など、いかなるステークホルダーにとっても重要な関心事となる。

前年度比での売上高成長率

$$\text{売上高成長率} = \frac{\text{今年度売上高}-\text{前年度売上高}}{\text{前年度売上高}}$$

いる。一般的には、固定比率ではなく固定長期適合率で100％以下であれば、安全性は問題ないと判断される。

$$\text{トヨタ自動車の固定長期適合率} = \frac{\text{固定資産}}{(\text{純資産} + \text{固定負債})} = \frac{6{,}544{,}498\text{百万}}{(7{,}150{,}603\text{百万} + 779{,}993\text{百万})} = 82.5\%$$

インタレスト・カバレッジ・レシオ［倍］＝(営業利益＋金融収益)／支払利息

借金が多いこと自体はまったく問題ではない。問題なのは身の丈に合わない規模の借金をしていることにある。この両者はよく混同されがちなので、注意が必要だ。借金＝悪と考える人がいるのは、借金によって支払利息の負担が生じ、利益が減少するためだ。しかし、むやみやたらに新株発行による資金調達をすることで既存株主の持ち分比率を薄めるのではなく、借金を有効活用することは、株主にとってありがたい話だ。借金による投資で利益がさらに成長できるのであれば、借金しない手もない。

身の丈に合った規模の借金であるかを判断するために、インタレスト・カバレッジ・レシオでは、分母に借金から発生する支払利息を置き、分子には企業の身の丈を置く。身の丈には本業で稼ぐ力となる営業利益に、受取利息や受取配当金といった金融収益を加える(分子に営業キャッシュフローを用いることもある)。この数値が大きければ、支払利息、つまり借金の水準に十分見合った利益を稼ぐ安全性の高い企業と判断できる。成長案件があれば、さらなる借金の調達によって事業を拡大する余力も高い。財務省の法人企業統計によれば、2006年1～3月期で大企業のインタレスト・カバレッジ・レシオは10.8倍、中小企業は5.8倍ということだ。この比率が3倍以下の企業は、懸念される。

当座比率［%］= 当座資産 / 流動負債

流動資産の中でも特に換金性の高い資産、具体的には現預金、売上債権、有価証券を総称して当座資産と呼ぶ。当座比率では、当座資産と、1年間で出ていく予定の流動負債を比較している。この数値が大きいほど短期の資金繰りに問題なく、安全性の高い企業と判断できる。一般的なベンチマークとしては80%超とされることが多い。ただし回収不能な売上債権が多くてもこの比率は高くなるので、懸念される企業であれば中身の入念なチェックや、必要に応じて詳細なヒアリングが望まれる。

$$\text{トヨタ自動車の当座比率} = \frac{\text{当座資産}}{\text{流動負債}} = \frac{2{,}448{,}301\ \text{百万}}{2{,}730{,}572\ \text{百万}} = 89.7\%$$

固定比率［%］= 固定資産 / 純資産

1年超にわたって現金化しない固定資産と、長期にわたって返済義務のない純資産を比較している。この数値が小さいほど長期の資産を長期の資金調達で賄っており、安全性の高い企業と判断できる。一般的なベンチマークとしては100%以下とされることが多い。

$$\text{トヨタ自動車の固定比率} = \frac{\text{固定資産}}{\text{純資産}} = \frac{6{,}544{,}498\ \text{百万}}{7{,}150{,}603\ \text{百万}} = 91.5\%$$

固定長期適合率［%］= 固定資産 /（純資産＋固定負債）

固定比率で100%以下であれば確かに安全性の高い企業であるが、裏を返せば株主還元が十分ではなく内部留保の大きい企業かもしれない。長短の資金繰りをバランスさせる上では、長期間にわたって返済義務のない長期借入金などの固定負債も有効活用できる。固定長期適合率は、1年超にわたって現金化しない固定資産と、長期にわたって返済義務の発生しない純資産と固定負債の和を比較して

4. 安全性

自己資本比率［%］＝自己資本／（負債＋純資産）

企業の資金調達において、返済義務のない（＝負債でない）資本がどの程度の割合を占めるかを表すもので、この指標が高いほど安全性の高い企業と判断される。なお自己資本とは、2006年5月1日の会社法施行前の資本の部に相当するものだが、会社法施行前後での指標計算の一貫性を維持するため、自己資本比率、ROEを計算する際にのみ登場する概念となる。会社法施行後の決算書では、純資産から新株予約権と少数株主持分（連結決算書の場合）を差し引いて計算される。この比率の国内の平均値は30%台後半にある。40%を超えてさらに上昇しているような上場公開企業であれば、株主還元が十分ではなく内部留保の大きい企業として非難されることもある。

$$\text{トヨタ自動車の自己資本比率} = \frac{\text{自己資本}}{\text{（負債＋純資産）}} = \frac{7{,}149{,}432\text{ 百万}}{1{,}0661{,}169\text{ 百万}}$$

$$= 67.1\%$$

（自己資本＝純資産－新株予約権）

流動比率［%］＝流動資産／流動負債

1年間で入ってくる予定の流動資産と、1年間で出ていく予定の流動負債を比較している。この数値が大きいほど短期の資金繰りに問題なく、安全性の高い企業と判断できる。一般的なベンチマークとしては120%超とされることが多い。ただし不良在庫が多くてもこの比率は高くなるので、懸念される企業であれば中身の入念なチェックや、必要に応じて詳細なヒアリングが望まれる。

$$\text{トヨタ自動車の流動比率} = \frac{\text{流動資産}}{\text{流動負債}} = \frac{4{,}116{,}670\text{ 百万}}{2{,}730{,}572\text{ 百万}} = 150.8\%$$

結論に至った売掛金と変わらないよ。（→ 95 ページ）

$$\text{トヨタ自動車の有形固定資産回転率} = \frac{\text{売上高}}{\text{有形固定資産}} = \frac{11{,}571{,}834\ \text{百万}}{1{,}358{,}160\ \text{百万}}$$
$$= 8.52\ \text{倍}$$

手元流動性比率［日］＝（現預金＋有価証券）／（売上高／365）

手元にある現預金が売上の何日分に相当するかを示す。有価証券は短期で運用するリスクの低い債券である場合がほとんどなので、実質的な手元の現預金として加えることが一般的。この比率が高いほど現預金の潤沢な安全性の高い企業と判断される一方、使用途が明確でない過剰な水準の現預金であれば資産効率の悪い企業と判断される。

●本文の解説を確認してみよう

Aさん　現預金は1828億円です。売上の2％にも満たないので、これも仮説がはずれてしまいました。

大津　そうかな。私には莫大な現金を抱えているように見えるけど。現金を見るときは、現預金だけを見ていてはダメだったよね？（→ 90 ページ）

$$\text{トヨタ自動車の手元流動性比率} = \frac{(\text{現預金} + \text{有価証券})}{(\text{売上高}/365)}$$
$$= \frac{1{,}194{,}203\ \text{百万}}{(11{,}571{,}834\ \text{百万}/365)} = 37.7\ \text{日}$$

価償却費も含まれるため、あくまでおおよその参考数値となる。分母に売上原価ではなく原材料など外部調達高のみを用いれば、より正確な日数が計算できる。

なお、分母には1日当たりの売上高を用いて計算することもあるが、純然たる仕入債務の日数を計算したいのであれば、仕入債務の数値がPL上に現われる売上原価を用いるほうが好ましい。

●本文の解説を確認してみよう

Aさん　はい、支払手形と買掛金の合計金額は1兆円強なので、売上高の9%程度です。売掛金と同じ、約1カ月ですね。(→95ページ)

トヨタ自動車の仕入債務回転期間 $= \dfrac{(\text{買掛金}+\text{支払手形})}{(\text{売上原価}/365)}$

$= \dfrac{1{,}036{,}668\text{百万}}{(9{,}233{,}135\text{百万}/365)} = 41.0\text{日}$

有形固定資産回転率［倍］＝売上高/有形固定資産

売上高が有形固定資産の何倍に相当するかを示す。この比率が高いほど、保有する建物、機械装置、土地などの設備が売上に効率的に結びついていると判断できる。言い換えれば、設備の稼働率が高いこととなる。

●本文の解説を確認してみよう

Aさん　建物・構築物が4553億円、機械装置・運搬具が3521億円、そして土地が3854億円と、どれひとつとっても、棚卸資産の金額を上回るような大きな額に及んでいます。

大津　確かにね。でも今の3つを含めた有形固定資産の合計1兆3500億円は、売上の10%強だね。さっき少ないという販売までに要する平均日数となる。なお、分母には1日当たりの売上高を用いて計算することもあるが、純然たる棚卸資産の日数を計算したいのであれば、棚卸資産の数値がPL上に現われる売上原価を用いるほうが好ましい。

●本文の解説を確認してみよう

Aさん　在庫に含まれる原材料、仕掛品、商品・製品、貯蔵品をすべて合わせて2784億円ですが、売上の2.4%しかありません。365日×2.4%で、約9日分の売上相当の在庫ですか。さすが「カンバン方式」ですね。
大津　たしかに「カンバン方式」の効果もあるだろうけど、それにしても短すぎないかい？　自動車を作るのに9日しかかかっていないって。（→93ページ）

$$\text{トヨタ自動車の棚卸資産回転期間} = \frac{\text{棚卸資産}}{(\text{売上原価}/365)} = \frac{278{,}499\text{百万}}{(9{,}233{,}135\text{百万}/365)} = 11.0\text{日}$$

（本文中では売上高を用いて計算したので9日、ここでは売上原価を用いて計算したので11日となっている。総利益率の高い（売上高と売上原価に差がある）企業ほど、この2つの計算値の差は広がる）

仕入債務回転期間［日］＝（買掛金＋支払手形）/（売上原価/365）

仕入債務（買掛金＋支払手形）が1日当たり売上原価の何日分に相当するかを示す。自社で製造を行わない小売業界や商社であれば、この日数が仕入れから支払いまでに要する平均日数と判断して問題ない。製造業の場合には、売上原価には原材料費以外に労務費や減産業といえよう。

$$\text{トヨタ自動車の総資産回転率} = \frac{\text{売上高}}{\text{総資産}} = \frac{11{,}571{,}834\text{百万}}{10{,}661{,}169\text{百万}} = 1.09\text{倍}$$

売上債権回転期間［日］＝(売掛金＋受取手形)/(売上高/365)

売上債権（売掛金＋受取手形）が１日当たり売上高の何日分に相当するかを示す。この数値が製品の販売時点から現金の回収までに要する平均日数となる。

●本文の解説を確認してみよう

Aさん　いえ、売掛金１兆2540億円は売上11兆5718億円の10％強です。とても２年分、つまり200％どころではなかったです。

大津　そうだね。売上の10％ということは、１年365日の10％、つまり36.5日分の売上相当の売掛金しか保有していないことになるよね。トヨタがおおむねいつもこの規模の売掛金を保有しているとすれば、販売から現金の回収まで、平均して36.5日しかかかっていないことになる。「末締めの翌月末受け取り」といったところじゃないかな。（→91ページ）

$$\text{トヨタ自動車の売上債権回転期間} = \frac{(\text{売掛金}+\text{受取手形})}{(\text{売上高}/365)} = \frac{1{,}254{,}098\text{百万}}{(11{,}571{,}834\text{百万}/365)} = 39.6\text{日}$$

棚卸資産回転期間［日］＝棚卸資産/(売上原価/365)

棚卸資産（原材料、仕掛品、製品など）が１日当たり売上原価の何日分に相当するかを示す。この数値が原材料の仕入れから製品の業外収益＜営業外費用」なら「営業利益率＞経常利益率」となる。特に気をつけたいのは後者のパターンで、借金の保有から支払利息の負担が生じている可能性が高い。許容範囲の借金なのか、過剰な借金なのかの判断においては、後述するインタレスト・カバレッジ・レシオが参考になる。

$$\text{トヨタ自動車の売上高経常利益率} = \frac{\text{経常利益}}{\text{売上高}} = \frac{1{,}555{,}193\text{百万}}{11{,}571{,}834\text{百万}} = 13.4\%$$

売上高純利益率［%］＝純利益／売上高

ここで気をつけたいのは、経常利益率から純利益率の段階で極端に数値が下がっていて、その傾向が何年も続いているような企業だ。その理由が毎年の固定資産売却・廃棄損などの巨額の特別損失によるものであれば、会計の上では特別な損失であっても、その企業にとってはもはや経常損失といった見方をしておく必要があろう。

$$\text{トヨタ自動車の売上高純利益率} = \frac{\text{純利益}}{\text{売上高}} = \frac{1{,}060{,}109\text{百万}}{11{,}571{,}834\text{百万}} = 9.2\%$$

3. 資産効率性

総資産回転率［倍］＝売上高／総資産

損益計算書（PL）でもっとも大きな数値である売上高を、貸借対照表（BS）でもっとも大きな数値である総資産で割って計算する。よって、この比率が1倍より大きければＰＬ＞ＢＳ、1倍より小さければＰＬ＜ＢＳとなっている。1倍を上回る典型的な業界には小売業界、商社など薄利多売型の業界が挙げられ、1倍を下回る典型的な業界には電力・ガス、鉄道、通信など設備装置産業型の業界が挙げられる。ファーストリテイリングの当比率は1.18倍であった。オリエンタルランドは当比率が0.49倍なので、典型的な設備装置

$$\text{トヨタ自動車のROA} = \frac{\text{経常利益}}{\text{総資産}} = \frac{1{,}555{,}193\text{百万}}{10{,}661{,}169\text{百万}} = 14.6\%$$
$$= \text{売上高経常利益率} \times \text{総資産回転率}$$
$$= 13.4\% \times 1.09\text{倍}$$

2. 収益性

売上高総利益率［%］＝総利益／売上高

粗利益率とも呼ぶ。粗利益率の水準は業界によって実にまちまちだが、製造業、小売業ともに20～30%程度が比較的多い。このレンジをひとつのベンチマークとして、自社や自社の業界がそれより高い水準にあるのか、低い水準にあるのか、そしてその理由はなぜなのかを、売値と原価の中身に着目しながら考えるとよいだろう。

$$\text{トヨタ自動車の売上高総利益率} = \frac{\text{総利益}}{\text{売上高}} = \frac{2{,}338{,}698\text{百万}}{11{,}571{,}834\text{百万}} = 20.2\%$$

売上高営業利益率［%］＝営業利益／売上高

営業利益率は、売上原価率と売上高販管費率の和を、100%からを引いたものとなる。国内の製造業で特によく語られるひとつの目標値は、営業利益率10%である。原価の中身は総利益率で分析するだろうから、営業利益率の分析時には販管費率の水準と販管費の中身を深く分析することが望まれる。

$$\text{トヨタ自動車の売上高営業利益率} = \frac{\text{営業利益}}{\text{売上高}} = \frac{1{,}150{,}921\text{百万}}{11{,}571{,}834\text{百万}} = 9.9\%$$

売上高経常利益率［%］＝経常利益／売上高

「営業外収益＞営業外費用」なら「営業利益率＜経常利益率」、「営

とから、ROEは株主にとっての利回りを示す。この点から、ROEは「株主のための指標」ということができ、企業が経営目標としてROEの向上を掲げることも多い。ROEは、以下のように3つの掛け算に分解することができる。

$$\text{ROE} = \underset{\text{売上高純利益率}}{\frac{\text{純利益}}{\text{売上高}}} \times \underset{\text{総資産回転率}}{\frac{\text{売上高}}{\text{総資産}}} \times \underset{\text{財務レバレッジ}}{\frac{\text{総資産}}{\text{自己資本}}}$$

$$\text{トヨタ自動車のROE} = \frac{\text{当期純利益}}{\text{自己資本}} = \frac{1{,}060{,}109\text{百万}}{7{,}149{,}432\text{百万}} = 14.8\%$$

（自己資本＝純資産－新株予約権）

$$= \text{売上高純利益率} \times \text{総資産回転率} \times \text{財務レバレッジ}$$

$$= 9.2\% \times 1.09\text{倍} \times 1.49\text{倍}$$

ROA（総資産経常利益率）[%]　＝　経常利益 / 総資産

企業が保有するすべての資産に対してどれだけの利益を計上したかを計算するもので、事業の利回りを示す。分子の利益には、経常利益のほかに営業利益や純利益が用いられることもあるが、理論的にはどれも正しくない。ROAの目的は事業の利回りを計算することなので、借入れの影響を除外した、「経常利益＋支払利息」が理論的には正解となる。ただし、計算が面倒なため、便宜上経常利益を用いることが多い。ROAは、以下のように2つの掛け算に分解することができる。

$$\text{ROA} = \underset{\text{売上高経常利益率}}{\frac{\text{経常利益}}{\text{売上高}}} \times \underset{\text{総資産回転率}}{\frac{\text{売上高}}{\text{総資産}}}$$

【付録Ⅰ】　分析の有効なツールとなる会計指標

ビジネススクールの場で会計指標を解説する際によく受ける質問に、「この指標は何％だといいんですか？」というものがある。学習する者の立場に立てば、確かにそうした具体的な数値を言ってもらったほうが分かりやすいし覚えやすいのも分かる。しかし、そうした教科書的なベンチマークをクリアしていなくても、業界をリードするような企業は数多く存在している。「何％だとOkで、何％だとダメ」というのは、試験問題ではそうかもしれないが、現実の世界ではそんなに単純に物事は進まない。

下記には、それぞれの指標の特性、読み方、トヨタ自動車単体決算書の分析でのコメントと実際の数値計算、そして支障のない範囲で参考となる水準を加えている。「いったい何％ならいいんだ？」といった思いにふけっても進歩はない。たくさんの企業を見ていくことで、決算書も、そこから計算される会計指標も千差万別であることを体感していってほしい。

なお、ＰＬ上の数値は１年間で起きた情報であるのに対して、ＢＳ上の数値は年度末時点の情報なので、時間のギャップが生じている。そこで会計指標を計算する際には、ＢＳの数値は前年度末と今年度末の平均値を用いることがよくおこなわれる。

ただし本書では計算を容易にするため、あえてＰＬ、ＢＳすべての数値を直近2007年３月期のデータのみを用いて計算している。

1. 総合力

ROE（自己資本当期純利益率）[%]　＝　当期純利益 / 自己資本

株主に帰属する当期の純利益を、株主の持ち分である自己資本（自己資本については、後述の自己資本比率の欄で詳述）で割るこ本書は日経ビジネス人文庫のために書き下ろされたものです。

日経ビジネス人文庫
ポケットMBA
ビジネススクールで身《み》につける
会計力《かいけいりょく》と戦略思考力《せんりゃくしこうりょく》

2007年8月１日　第1刷発行
2010年5月12日　第6刷
著者
大津広一
おおつ・こういち

発行者
羽土 力
発行所
日本経済新聞出版社
東京都千代田区大手町1-3-7 〒100-8066
電話(03)3270-0251　http://www.nikkeibook.com/
ブックデザイン
鈴木成一デザイン室
印刷・製本
凸版印刷

Printed in Japan　ISBN978-4-532-19403-1